KLEMENS TILMANN

ÜBUNGSBUCH ZUR MEDITATION

KLEMENS TILMANN

ÜBUNGSBUCH ZUR MEDITATION

STOFFE, ANLEITUNGEN, WEITERFÜHRUNGEN

BENZIGER VERLAG

2. AUFLAGE 1973, 20. TAUSEND

HERGESTELLT IM GRAPHISCHEN BETRIEB
BENZIGER EINSIEDELN
ISBN 3 545 20049 3

INHALT

VOM SINN DIESES BUCHES

In den Menschen unserer Zeit vollzieht sich ein erstaunlicher Vorgang: *sie verlangen nach Meditation*. Unabhängig von Weltanschauung und Glaube fühlen sie, daß sie dabei sind, in Anspannung, Lärm und Hast des Lebens ihr Bestes und Eigentliches zu verlieren, in ihrer Tiefe frustriert zu werden, in ihrem Inneren zu veröden. Darum verlangen sie nach Führung in die Tiefe. Darüber hinaus meldet sich bei vielen ein neues Fragen und Verlangen nach dem Sinn des Lebens. Sie möchten für Wirklichkeiten wie Werden, Reifen, Liebe, Tod, Erfüllung bereit werden. Ja, manche suchen «das Leben in Fülle», das Christus uns verheißen hat und geben will (Joh 10,10), nach dem vollen Einswerden mit ihm (Joh 17,23), ja, nach einem Leben aus der letzten, allumfassenden Wirklichkeit, aus Gott, für ihn und in ihm, das ja die eigentliche und letzte Erfüllung ist. Diesem Lebenshunger, diesem Suchen und Verlangen soll das vorliegende Buch dienen.

Wenn ein Kurs oder Wochenende zur Einführung in die Meditation zu Ende geht, stellt sich für den Anleitenden wie für die Teilnehmer die notwendige Frage: *Wie soll es weitergehen?* Ohne Hilfen für das Üben im Alltag wird das Begonnene bald versiegen; aber auch bei Kursen mit wöchentlichen Anleitungsstunden wird von Kursleitern wie Lernenden nach Vorlagen gefragt.

Solche Vorlagen, auf Blättern abgezogen, waren der Anfang dieses Buches. Manche von ihnen sind in das Werkbuch für Anleitende aufgenommen worden «Die Führung zur Meditation I»[1]. Sie wurden weiterentwickelt, ergänzt durch andere, vor allem durch solche, die für den zweiten Band des Werkes vorgesehen sind, und zu diesem Buche vereinigt.

Die *innere Lage* derer, die nach ihm greifen werden, ist *sehr verschieden*. Es

[1] Benziger Verlag, Zürich/Köln 1971 ([5]1973), 19.80. Es wird in diesem Buche mit «FzM» abgekürzt.

werden Jugendliche sein, Erwachsene der Lebensmitte und alte Menschen, Verheiratete und Unverheiratete, Anfangende sowie solche, die im inneren Leben durch tägliche Übung fortgeschritten sind, Suchende und im Glauben Gereifte, Novizen und Theologiestudenten, Ordensleute und Geistliche, Teilnehmer an Exerzitien und Kursen für Erwachsenenbildung, Gruppen in Erholungs- oder Altersheimen. Dementsprechend sind die *Vorlagen* dieses Buches *breit gefächert*, vom Grundlegenden und Einfachsten, das jedem Menschen zugänglich ist, bis zu Hilfen für gereiftes inneres Leben. So kann jeder auswählen, was ihm entspricht.

Anderseits *gleichen* sich auch alle, die das Buch benützen, und zwar darin, daß sie Menschen sind. Dem rechten Menschwerden aber dient vom Wesen her die Meditation. So wird die Vielfalt der Vorlagen nicht Anlaß zu einer Überfremdung sein, sondern auf vielfache Weise ins Wesentliche führen, wenn nur der Übende seine Ursprünglichkeit nicht übergeht, sondern zu ihr zu kommen sucht. Dafür wird zumal der Gebrauch der Grundübung sorgen. Meditation gleicht nicht dem Schnee, der eine Wiese rein und weiß zudeckt, sondern dem Frühling, der die Wiese zu ihrem eigentlichen und vollen Leben kommen läßt.

Das Buch ist keine abgeschlossene Anleitung zur Meditation. Ohne *persönliche Hinführung* werden nur wenige in den Tiefenbereichen ihres Inneren zum Leben erwachen. Ist aber nach rechter Anleitung ein erstes Finden und Schmecken des Eigentlichen geschehen, werden viele mit dem Vorgelegten weiterkommen.

Ob einer alleine übt oder im Kreise befreundeter Menschen, er wird auch nach dem *Rat Erfahrener* verlangen. Hier erwächst vielen Seelsorgern, besonders aber den kontemplativen Männer- und Frauenorden eine neue, unausweichliche doppelte Aufgabe: einmal die eigene Meditation zeitnahe und in humaner Breite anzulegen und sie so in die Tiefe und Fülle reifen zu lassen; dann aber überzufließen und sie, unterwiesen und gereift in der Kunst des Anleitens, an andere weiterzugeben, die nach ihr dürsten. Wir leiden ja an einem erschreckenden Mangel an erfahrenen Meditationsleitern und geistlichen Meistern. Das ist auch der Grund dafür, daß manches in diesem Buche gesagt ist, was besser im *Intimbereich einer persönlichen Anleitung* gesagt würde.

So wird deutlich, daß das Buch in mehrfacher Weise helfen soll, eine dringende Zeitaufgabe, die zugleich eine bleibend menschliche ist, lebensgerecht zu erfüllen. Was es bietet, soll zur Tiefe und Fülle des Lebens führen. Es soll helfen, daß die Bezirke menschlichen Lebens, die alltäglichen wie die tiefsten, die des einzelnen wie die der gläubigen Gemeinschaften, mehr und mehr vom Lebenshauch der Meditation berührt, erlöst, durchdrungen und erfüllt werden.

ZWÖLF GRUNDREGELN

1. Sich durch die Menge des hier Angebotenen nicht beunruhigen lassen. Nicht hin und her experimentieren. Wissen, worum es geht, einiges auswählen und dabei bleiben.
2. Regelmäßig üben. Täglich wenigsten 10-20 Minuten, in der Woche wenigstens an fünf Tagen oder zweimal in der Woche eine längere Zeit.
3. Keine Übung halb machen. Immer achten auf die Absicherung nach außen, auf Ungestörtheit, Körperhaltung, Unbeweglichkeit, Atmung – und darauf, vollkommen zur Ruhe und in die Tiefe zu kommen.
4. Die «Grundübung» und die Übung «Ich bin hier» (S. 23 ff) können für längere Zeit genügen. Sie sind gegenstandslos und führen steil in die Tiefe. Sie sollen immer wieder gebraucht werden, bald als selbständige Übung, bald als Einleitung für eine inhaltliche Meditation.
5. Besser eine Übung und ihren Stoff öfters wiederholen, als ständig neue Stoffe suchen. Jede Übung ist wiederholbar. Manche verlangen nach öfterer Wiederholung.
6. Vor Beginn der Übung muß es klar sein, was nun geübt werden soll. Am besten am Tag zuvor aussuchen. Ab und zu überlegen, was in den nächsten Tagen als Stoff genommen werden soll. Erst später kann man beginnen, indem man wartet, was sich einstellt.
7. Öfters dort anknüpfen, wo man am Tage zuvor stehen geblieben ist. In die gleiche Meditation wieder hineinkommen und sie dann weiterwachsen lassen. Das ist eine gute, oft übersehene Möglichkeit.
8. Wer bei einer Übung einen Text vor sich haben will, decke alles andere, auch spätere Abschnitte des gleichen Textes, mit weißem Papier zu, damit *nur ein Text vor Augen* ist und wirken kann und nichts ablenkt. Entsprechendes gilt für die *Bildmeditation.*
9. Ist der Inhalt etwas konkret Wahrnehmbares, so ist mit einer gründlichen *Ganzwahrnehmung zu beginnen.* Sich also nicht mit einem allgemeinen

«das kenne ich ja schon» begnügen. Der Stoff muß *ursprünglich erfahren* werden.

10. Sich an die «Schalenbewegung» halten, wenn es nicht in andere Abläufe zieht. Nach der Ganzwahrnehmung: Vom Äußeren und Oberen zum Inneren und Tiefen; vom Vielen zum Wenigen, zum Einfachen zum Einen und Letzten und dort verweilen. So die Wirklichkeit auf sich zukommen lassen, sprechen lassen. Vom aktiven Tun zum ruhenden Empfangen kommen; vom Gegenüberstehen zum Einswerden.[2]

11. Im Alltagsleben der meditativen Grundverfassung nahe bleiben, so weit es die Art der Tätigkeit erlaubt. *Auf Erfahrungen achten*, bei denen man zum *Staunen* kommt oder wo die *spontane Meditation* anfängt. Bei angespannter Berufstätigkeit die Meditation vorher gut abschließen, im Hara[3] bleiben und sich so ganz der kommenden Tätigkeit zuwenden. Nach der Arbeit die Freizeit benützen, um bald in die gelöste Ruhe zurückzukehren.

12. Jede Meditation, die nach Gott sucht, muß vollzogenes Leben sein, darf also nicht nur Übungsgelegenheit werden. Auch schweigende Ruhe bei Gott ist Gebet. Es ist aber gut, solche Innerungen mit einem in Worte gefaßten Gebet abzuschließen.

[2] Vgl. Schalenbewegung S. 17
[3] Vgl. S. 16

WICHTIGE HINWEISE ZUM ÜBEN

1. Lesen und Anstreichen

Wer dieses Buch besitzt, wird es zunächst kennenlernen wollen. Er wird darin blättern und lesen. Das ist richtig. Nur darf es dabei nicht bleiben. Darum *beim Lesen anstreichen*, und zwar das, was zur Tiefe zieht, was einen lohnenden Vorgang verspricht. Vielleicht dies mit einem «M» kennzeichnen. Solche Stoffe bei den kommenden Übungen herausgreifen.

Ferner *sich nicht mit dem Lesen begnügen*, auch wenn dieses bereits einen Hauch von Tiefe vermittelt. Meditation kann nicht ersetzt werden, wird aber leicht verfälscht oder durch schwächeren Ersatz verdrängt.

2. Unterscheide «Führungstexte», «Anleitungstexte» und «Niederschriften»

Wenn bei den folgenden Übungen «*Führungstext*» steht, so bleibt der Text während der Übung aufgeschlagen liegen. Wenn Punkte im Texte stehen, sich vom Text lösen und den inneren Vorgang seinen eigenen Weg nehmen lassen. Erlischt der Vorgang, so kehrt der Blick zum Text zurück. Sind mehrere zur Meditation zusammen, so kann ein Führungstext nach einer sammelnden Einführung (etwa «Ich bin hier» S. 22) von einem der Anwesenden langsam, vollziehend und mit entsprechenden Pausen vorgelesen werden.[4]

Steht «*Anleitungstext*» bei der Überschrift, so wird der Text gelesen, bedacht und weggelegt. Die Meditation geschieht nur innerlich.

Eine «*Niederschrift*» dient nicht unmittelbar der Meditation. Sie vermittelt die Vorstellung von einem möglichen inneren Ablauf. Der Leser weiß: So ging es einem anderen. Ihr Klima steckt an und weckt. Sie kann auch als Modell oder als Anleitung dienen, darf aber nicht überfremden. Sie soll im Gegenteil die eigentliche Ursprünglichkeit anrühren und helfen, daß sich der unverfälschte, persönliche und tiefe Vollzug einstellt.

[4] Wer ein Tongerät besitzt, kann zum eignen Gebrauch ein Band in dieser Weise besprechen und es beim Üben ablaufen lassen.

3. Längere Zeit die Übungen des ersten Hauptteiles benützen

Sonst werden die Übungen des zweiten Teiles leicht mit mangelnden Wirklichkeitskontakten vollzogen und sinken zu einem Lesen und Nachdenken ab oder führen zu bloßen Willensanstrengungen.

4. Nicht nur allein üben

Gut ist es, sich mit einer Gruppe anderer wenigstens monatlich zu gemeinsamer Übung, zu Austausch und Anregung zu treffen (Entspannung, Grundübung, Themenangabe und Anleitung, Durchführung, Fragen, Klärungen). Dabei kann in einem Gespräch die «Schalenbewegung» (vgl. S. 17) beginnen. Das gelingt leichter, wenn einer durch vorbereitete Fragen zu dem Gegenstand führt: Was nehme ich wahr? Welchem Bereich gehört er an? Was sagt er uns? Was kann er für uns bedeuten? Sie werden je nach Stoff sinngemäß verschieden sein. Auf ein langsames vorvollziehendes Vorlesen eines Führungstextes wurde schon hingewiesen. Auch ein Gespräch im Anschluß an einen Anleitungstext ist möglich. Nur dürfen die Teilnehmer nicht ins Rationale und nicht ins Diskutieren kommen.

Sehr empfiehlt es sich, alle Vierteljahre oder jedes halbe Jahre einen Erfahrenen aufzusuchen, zu berichten und zu fragen (Rechenschaft über die Art der Übungen, positive Wirkungen, Fortschritte, Schwierigkeiten, Klärung von Fragen, Bitte um weiteren Rat und um Anweisung). Dafür ist es gut, gelegentlich tagebuchartige Notizen zu machen. Fortgeschrittene werden sich das Buch des Verfassers «Die Führung zur Meditation» besorgen.

5. Geduld

Sich auf lange Wachstums- und Reifungsprozesse einstellen. Manches kann bald kommen: Größere Ruhe, Geschmack an der Tiefe, Wirklichkeitskontakt mit Dingen und Menschen, Freude am Leben mit Gott. Zu manchem wird erst der Sechzigjährige durchgereift sein. Und doch ist er nicht am Ende. Unermeßliches Leben lockt. Geduld. Schritt für Schritt. Auf dem Weg bleiben. Und bei Unterbrechen oder Versagen: Neu beginnen.

WORTERKLÄRUNGEN

Hara ist ein japanisches Wort und bedeutet zunächst: Bauch. Es meint darüber hinaus eine leib-seelische Gesamtverfassung, bei der der Schwerpunkt der Person im Bauch ist, die oberen Kräfte entspannt sind, die Tiefe ihre heilende Wirkung ausstrahlen kann und der ganze Mensch in tiefer Ordnung ist, offen für die Sinntiefe des Lebens und das letzte Geheimnis. Zum Hara wird im Meditationskurs angeleitet. Es wird durch die Grundübung ständig vertieft. Hara wächst in der Meditation und wird mehr und mehr zur ständigen Verfaßtheit des Menschen. Es ist zugleich Voraussetzung tieferer Meditation wie deren Frucht.
Als deutsches Wort kann der Ausdruck: Leibesmitte und Tiefenmitte gebraucht werden.

Innerung, innern bedeutet, etwas ins eigene Innere nehmen. Die Worte entsprechen in ihrer Bildung den beiden anderen: Äußerung, sich äußern. Sie decken sich zum Teil mit den Worten Meditation und meditieren, umfassen aber auch das breite Lebensgebiet ihres Vorfeldes: betrachten, erwägen, nachsinnen, verkosten, sich zu Herzen nehmen, beherzigen und anderes.

Meditation ist ein Vorgang im Innersten unseres Inneren, bei dem wir gesammelt und ruhig in unserer Tiefe sind. Wer von ihr keinerlei Erfahrungen hätte, könnte nicht verstehen, was sie ist. Meditation liegt zu tief, als daß sie vom untersuchenden, analysierenden Verstand begriffen oder mit dem zielgerichteten Willen unmittelbar gemacht werden könnte. Man kann sich für sie bereiten, kommen muss sie selbst, ähnlich wie der Schlaf oder die Gewissensurteile. Aber haben wir nicht schon als Kinder meditiert, als wir im Spiel oder beim Hören eines Märchens «ganz versunken» waren? Meditation kann viele Gestalten und verschiedene Tiefen haben. Wesentlich ist, daß wir das aktive Denken und Tun loslassen und wach empfangend werden. Dann untersuchen wir z. B. nicht mehr ein Ding, ein Bild, einen Text, sondern diese werden aktiv und sagen uns etwas. Auf dem Wege dorthin helfen uns die Grundübung und die Übung «Ich bin hier» (S. 22).

Das Wort Meditation hat seine Bedeutung gewandelt. Früher unterschied man im geistlichen Leben drei Stufen: *Lesung* (lectio), *Betrachtung* (meditatio), bei der man sich aktiv etwas vorstellt, es überlegt und verarbeitet, und *Beschauung* (contemplatio), bei der der Mensch in tiefe, innerliche Ruhe und wache Empfänglichkeit kommt. Heute bezeichnet man, wohl unter fernöstlichem Einfluß, mit Meditation das anfangs Beschriebene.

Viele Menschen suchen heute die Meditation, weil sie merken, daß sie durch Lärm, Hast, Oberflächlichkeit und anderes ihre Tiefe und Mitte, ja ihr Eigentlichstes verloren haben oder verlieren und es nun wieder finden möchten, um wahrhaft Mensch sein zu können.[5]

Meditation ist einfach und in gewisser Weise kinderleicht – jedes ungestörte Kind meditiert, etwa bis zum zehnten Lebensjahr. Anderseits fordert sie für alle, die sie wiederfinden und darin reifen wollen, einen langen Weg. Sie bedeutet ein tiefes Heilwerden und hat unermeßliche Wachstums- und Reifungsstufen bis ins hohe Alter. Sie ist ein Hauptweg, um zu Gott zu kommen und in Glaube und Liebe vollendet zu werden.

Unter «*Schalenbewegung*» wird die Bewegung der Meditation verstanden, die bei einer Wirklichkeit von außen nach innen, also vom äußerlich Erfahrbaren zum Sinngeheimnis vordringt und von oben nach unten, also von der Oberfläche in die Tiefe. Diese von außen und oben nach innen und unten drängende Bewegung gleicht einer Schale, die vom äußeren oberen Rand zur Mitte und Tiefe verläuft. Eine ähnliche Bewegung vollzieht sich bei der Meditation auch im Inneren des Menschen, die von einer mehr äußeren und oberflächlichen Alltagshaltung zur Sammlung, zur Innerlichkeit und zur Tiefe vordringt.

[5] Vgl. «Warum ich meditiere» (S. 140 ff)

Manchmal ist der Weg zur Meditation und ihr Verlauf durch folgende Worte angedeutet: Sehen, Beobachten, Ganzwahrnehmen, Nachdenken, Verarbeiten, Vergleichen und In-Beziehung-Setzen, Eindringen, Auf-sich-wirken-Lassen, Schmecken, Verweilen.

Zwerchfellatmung ist die natürliche Atmung, die wir alle als Kinder hatten. Sie vermittelt Ruhe und ein tiefes Bei-sich-Sein. Bei vielen ist sie durch die Brustatmung verdrängt, die der Ausdruck des absichtlichen Wollens, des Geltenwollens und der Erregung ist. Bei ihr bewegen sich die Rippen, so daß der Mensch ständig mit der Hilfsmuskulatur atmet. Die Zwerchfellatmung soll bei jedem Meditationskurs gelehrt werden. Wer sie allein wiederfinden will, benütze folgende Übungen.
Lege dich langgestreckt mit dem Rücken auf den Boden. Führe die Hände über die Schultern hinab zu den Schulterblättern. Ziehe die Füße an, so daß sich die Knie aufstellen, überkreuze die Füße und lasse die Knie auseinanderfallen. Wenn du jetzt den Atem laufen läßt, atmest du mit dem Zwerchfell. Ein Buch, auf den Bauch gelegt, wird sich heben und senken. Fühle dieses Atmen und übernimm es in täglichen Übungen in deine Alltagsverfaßtheit.
Die andere Übung: Knie dich auf den Boden und setze dich auf die Fersen. Nun beuge deine Stirn nach vorn bis auf die Erde. Wenn du jetzt mit beiden Händen deine Hüften faßt – Finger nach hinten – fühlst Du den Atem gehen. Es ist der Zwerchfellatem. Er muß dir wieder zur Natur werden (weiteres in FzM 64 und 86–92).

ERSTER HAUPTTEIL

ALLGEMEINE ÜBUNGEN UND STOFFE

I. GRUNDLEGENDE ÜBUNGEN

1. ELEMENTE DER ÜBUNGEN

a) Haltungen[1]

Wir unterscheiden:

Gemildeter Lotossitz: Schuhe ablegen, sich auf niederes Sitzkissen oder gefaltete Decke setzen, linken Schenkel ganz anziehen, so daß die Ferse an den Damm kommt. Rechtes Bein anziehen und den Fuß mit der Sohle an den linken Unterschenkel oder ihn darauf legen. Hände schalenförmig ineinander legen, die Daumen berühren sich, die Kanten liegen am Unterleib, Oberkörper aufrichten und ihn, ohne den Rücken zu krümmen, in das Becken sinken lassen. Aufrecht sitzen, Kopf nicht neigen, Nase über dem Nabel. Siehe Abbildung 1.

Voller Lotossitz und *Sitz auf dem Hocker* zeigen Abbildungen 2 und 3.

Fersensitz: ohne Schuhe auf einer Decke knien, die Fußspitzen berühren sich, die Fersen fallen nach außen, sich auf die Fersen setzen. Siehe Abbildungen 4 und 5.

Erleichterungen, zumal für Ältere: unter das Gesäß und unter den Fußrist ein *Polster* legen, um größere Spannungen in den Knien und Fußgelenken zu vermeiden, siehe Abbildung 6, oder *Sattelsitz* siehe Abbildung 7. Oder *Verwendung eines Sitzbänkchens* siehe Abbildung 8. Auch diese Erleichterung hilft, zu große Spannungen in Knien und Füßen zu vermeiden.

b) Senkung des inneren Schwerpunktes (Hara-Übung): langsam den inneren Schwerpunkt vom Kopf durch den Körper bis in den Unterleib zwischen Nabel und Händen sinken lassen und so ins Hara kommen (FzM 74).

[1] Ausführlicher FzM 92ff

1. Gemilderter Lotussitz

2. Voller Lotussitz

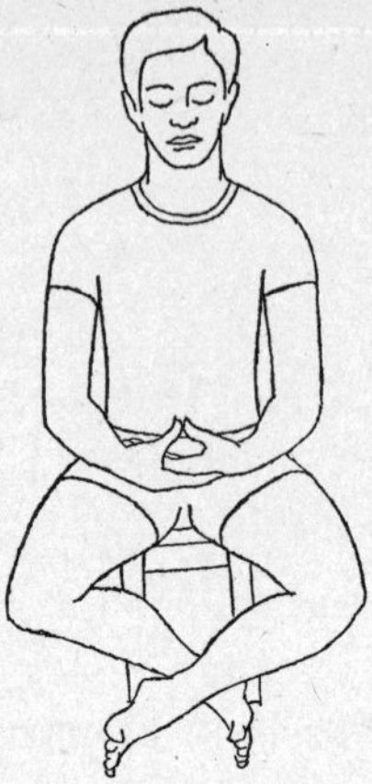

3. auf einem Hocker

4. Fersensitz von vorn

5. Fersensitz von hinten

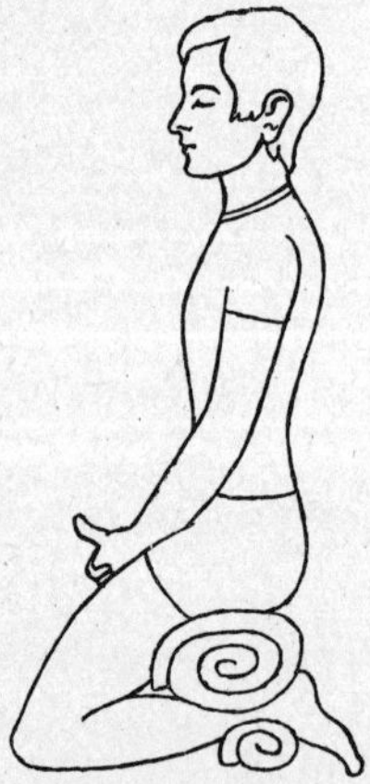

6. Fersensitz mit Polstern

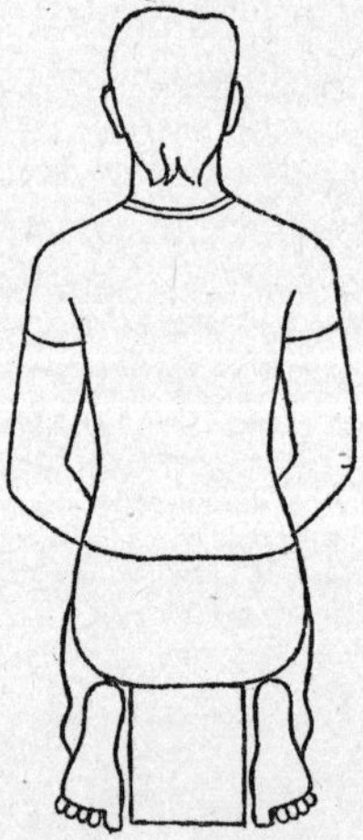

7. Sattelsitz

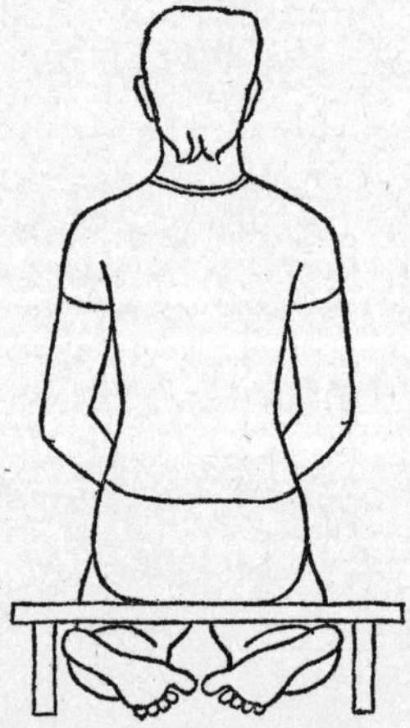

8. mit Sitzbänkchen

c) Zwerchfellatmen: zunächst gesondert üben, dann bei mechanischer Tätigkeit bewußt gebrauchen, bis es schließlich, auch beim Sprechen, von selbst geschieht (vgl. S. 18 und FzM 89).

d) Der Vierertakt des Atmens bei der Grundübung: ausatmen – ausatmen – Pause – einatmen.

e) Die begleitenden Worte: loslassen – niederlassen – eins werden – neu werden (oder zunächst: kommen lassen).

f) Als *Anfang und Abschluß* jeder Übung empfiehlt sich eine tiefe Verneigung. Sie hilft, in die rechte Verfaßtheit zu kommen, kann Ehrfurcht oder Dankbarkeit ausdrücken und wird von nur Suchenden «vor Unbekannt» vollzogen.

2. *DIE GRUNDÜBUNG*

Beginnen mit der Körperhaltung, dann Zwerchfellatmung, dann den Vierertakt des Atmens wahrnehmen, dann dazu die begleitenden Worte sprechen: «loslassen – niederlassen – eins werden – kommen lassen.» Dabei diese innerlich vollziehen, besser geschehen lassen. Immer tiefer herabsinken und *loslassen:* Alles Absichtliche, Gewollte, Gedachte, sich selbst – *niederlassen* in die innere Tiefe, auf den Grund zu – *eins werden* mit der eigenen Tiefe, dem Schwerpunkt im Unterleib, dem eigenen Grund, der allmählich für den letzten Grund transparent wird, also in Hara kommen – *kommen lassen* des Atmens (nicht absichtlich einatmen) – in diesem Viererschritt immer ruhiger werden, tiefer werden, *neu werden.* Die Übung wird zum «Rad der Verwandlung» (diese Grundübung vertieft sich mehr und mehr von selbst. Anleitung für spätere Vertiefungen Seite 76–77 und 132–136).

3. *DIE ÜBUNG «ICH BIN HIER» — ein Führungstext*

Die folgende Vorlage hilft, in Verbindung mit Körperhaltung und Atmung, in die für die Meditation notwendige seelische Grundverfassung *zu gelangen.*

Der Vollzug der letzten Teile kann auch zur eigentlichen Meditation werden. Diese Übung ist oft zu wiederholen. Dabei kann sinngemäß ausgelassen und ausgewählt werden.

a) Ich komme zur Ruhe ... Alles klingt ab ... wie die Wellen auf einem stillen Waldsee, wenn ein Stein hineingeworfen ist ... immer weiter ... immer flacher ... Dann ist das Wasser regungslos und ruhig ... Ich ... bin ... ganz ... ruhig ...

b) Ich habe Zeit ... Nichts drängt ... ich habe Urlaub von allem ... Die Zeit läuft nicht, sie steht ... sie ist wie eine große weite Luftglocke über mir ...

c) Ich bin ungestört in einem Raum von Freiheit ... Ich bin von allem dispensiert ... *Was vorhin war*, ist weit weg ... abgeschlossen wie durch eine dicke Polstertür ... *Was später kommt*, ist weit weg, unerreichbar, mit dichter Tür verschlossen ... In diesem Raum der Freiheit bin ich ungestört ... darf ganz ich selbst sein ... das genieße ich ... (Auch meine Nachbarn stören mich nicht; sie suchen gleich mir die Stille ... sie helfen mir durch ihre Ruhe ...)

d) Ich bin gesammelt bei mir. Nichts ist draußen ... Alle Gedanken sind in diesen Raum geholt ... bei mir ... in mir ... Immer mehr komme ich zu mir ... nicht konzentriert, das würde der Wille machen ... sondern gelöst und ruhig sammelt sich alles in mir ... Immer mehr bin ich bei mir ... in meinem Körper ... in meiner Tiefe ...

e) Ich bin entspannt und gelöst

Ich lasse alles los: meine Stirn; sie ist gelöst und glatt ... keine Falte des Nachdenken zwischen den Augenbrauen, keine Querfalten ... es ist, als ob eine gute Hand darübergestrichen hätte ... Ich lasse die Augen los, die Wangen, ich fühle ihr leichtes Hängen ... Ich lasse den Kiefer- und den Mundbereich los ... auf dem Gesicht ist kein strenger Ernst, eher ein Lächeln ... Ich lasse die Schultern los ... den rechten Oberarm ... ich fühle das Hängen der Muskeln ... Ich lasse den Unterarm los ... die rechte Hand ... Das gleiche links ... Alles ist entspannt und gelöst ... Nun

Brust … Bauch … Hüften … Unterleib … Beckenraum … Gesäß … Oberschenkel … auch hier hängen die Muskeln gelöst herab … bei den Unterschenkeln ebenso … die Füße … die Zehen … alles ist losgelassen … entspannt.
Ich lasse mich geistig los. Kein Druck ist auf mir … keine Angst … keine Sorge … keine Unruhe … keine Willensanstrengung … kein Pflichtgefühl … keine Maske … kein Sich-Bewahren und Festhalten … kein Sich-Darstellen … Ich lasse mich ganz los …
Auch den *Atem* lasse ich los … er darf gehen wie er will … Ich werde geatmet … Nun ist alles in mir losgelassen, entspannt, gelöst.

f) Ich bin ganz gegenwärtig. … Mein *Leib* ist hier; ich bin ihn gerade durchgegangen … Ich fühle ihn in allen seinen Teilen gleichzeitig gegenwärtig …
Mein ganzes Wesen ist gegenwärtig, nicht nur mein Leib … Ich, dieser einmalige … als Mann, als Frau … Ich mit meinen Begabungen … mit meiner Lebensgeschichte … mit allem, was ich erlebt habe … was in mich eingegangen ist (… mit meinem Vollbringen … meinem Versagen) … mit meinen Sehnsüchten … mit meinen Möglichkeiten … mit meinen Anliegen … das ganze reiche Ich …
Meine Tiefe ist gegenwärtig … nicht nur das kleine Gebiet, das mir bewußt ist … Ich werde immer mehr mit meiner Tiefe gegenwärtig, mit meiner abgründigen Tiefe …
(Ich bin mit meiner Verbundenheit und Verwurzelung in der Schöpfung gegenwärtig … in vertrauten Menschen … in Gott … Ich wurzle in einer Fülle, und sie strömt in mich ein …)
Mit alldem bin ich gegenwärtig … nicht *dösend, sondern hellwach und frisch* … offen und bereit … So erfahre ich meine Fülle …

g) Ich verharre in der Fülle. Nichts ist verdrängt … Ich … darf … ganz … dasein … Ich … bin … ganz … da … Das ist schön …
Ich bin eine Fülle … ich lasse sie ganz zu … ich verharre in ihr …[2]

[2] Kürzer in FzM 328.

4. DIE EINÜBUNG INS POSITIVE

Ins «Innerste des Inneren» können wir nur Heiles und Heilsames nehmen. Nur das nährt. Negatives würde innerlich zerstören. Wir übersehen das Negative nicht. Wir betrachten, erwägen, durchdenken es, suchen es zu ermessen und überlegen, was dagegen getan werden kann; suchen aber kein innerstes Einswerden damit. Meditation geht auf Positives, auf Werte, schließlich auf den letzten Wert.

Oft springt uns das Negative zunächst an. Es stört. Manche Menschen denken nur kritisch, bleiben beim Negativen. Vielleicht suchen sie sich auch durch das Vorhandensein des Negativen zu entschuldigen.

Darum ist es für viele eine grundlegende Übung, um zur Meditation zu kommen: die Einübung ins Positive. Der Blick für den Wert, das Eigentliche, das Wesentliche, das Richtige, Schöne, Große, das Heile und Heilende, das Erquickende, Stärkende, Aufbauende muß ständig geübt werden. Nur im Positiven leuchtet ja das Letzte Sein auf. Wer nicht Mängel beiseite lassen und auf das Positive blicken kann, bleibt im kritischen Denken hängen (auch das ist nötig, aber zu anderer Zeit) und kommt nicht in die Tiefe. Etwas Menschliches, das ja immer auch negative Seiten hat, ja etwas Natürliches kann er so überhaupt nicht meditierten.

Mit der Einübung ins Positive wird auch eine negative Gestimmtheit überwunden, die sich in einer miesen, abwertenden, unzufriedenen Verfaßtheit ausdrückt, des Lebens nicht froh werden kann und mit der wir im Grunde zum rechten Leben nicht fähig sind.[3]

[3] Das innere Verhalten gegenüber dem Entsetzlichen und Grauenhaften gehört nicht zum Thema der Meditation und ist darum hier nicht zu behandeln.

II. GANZWAHRNEHMUNG

Bei vielen Stoffen geht sie der Meditation voraus, führt in ihre Nähe oder schon in sie hinein. Zur Anregung für das eigene Weiterfinden seien folgende Beispiele genannt:
Blühende Kastanien im Wind – Blumenwiese in ihrer Fülle, Vielgestalt, Farbigkeit, Reinheit – Wald – weite Landschaft – Schneesturm – Tagwerden – Dunkelwerden – spielende Kinder am Sandkasten – Menschen, die uns im Leben und Beruf nahe sind.
Hauptbeispiele sind natürlich die Wirklichkeiten, die wir meditieren wollen.

III. ALLES GANZ TUN

Ein Meditationsschüler klagte seinem Meister, daß er nicht Ruhe und Zeit fände zur Meditation. Der Meister riet ihm:
«*Tue alles, was du tust, ganz*. Liest du, so lies ganz. Bist du bei deiner Frau, so sei ganz für sie da. Spielst du mit deinen Kindern, so sei im Spiel mit ihnen ohne Vorbehalt. Ißt du, so iß wie einer, der darin Beschenkung erfährt. Sprichst du mit jemandem, so sei ganz da zum Hören und geistigen Geben. Tue es so bei allem, bei der Arbeit und beim Schlaf, in der Freizeit und im Gebet. So wirst du mitten im Leben den Weg in die Tiefe finden.»
Vieles im Alltag kann uns zur Gelegenheit werden, diesem Rat zu folgen. Je mehr wir aus dem Hara leben, um so leichter werden wir unsere Handlungen ganz tun und ganz in ihnen sein können.

IV. DIE ANNAHME SEINER SELBST – *ein Führungstext*

Im folgenden Text geht es um einen grundlegenden Akt unseres Daseins. Er ruft Nüchternheit, Wahrhaftigkeit, Konfrontierung mit Wirklichkeit, Tapferkeit, Selbstlosigkeit und schließlich Hingabe an das Verfügte und den letzten Planer und Geber in uns wach. Die Annahme wird nur dann gelingen, wenn nicht der Wille sie kurzschlüssig kommandiert, sondern wenn sie bis in die geheimen Winkel unseres Inneren unter Auflösung aller Widerstände, in voller Freiheit und wie von selber kommend vollzogen wird.
Die fünf Stoffgruppen müssen nicht in genau fünf Tagen durchgegangen werden. Der Stoff ist Angebot. Es kommt darauf an zu verweilen und zu vollziehen, wo es wichtig wird. Man kann auch bei einer Stoffgruppe mehrere Tage bleiben.
Wichtig ist, nicht in allgemeinen Gedanken und guter Absicht hängen zu bleiben, sondern alles Allgemeine am Einzelnen und Konkreten unseres Menschseins zu realisieren.

1. Tag: Ich bin mir gegeben

Worum es hier geht. *Sich von dieser unabänderlichen Tatsache und von der Fülle der Wirklichkeit anrühren, vielleicht erschüttern zu lassen, sie als Tatsache zur Kenntnis zu nehmen und sie möglichst intensiv an einzelnen Gebieten unseres eigenen Wesens zu erleben. Vielleicht stellt sich von selbst eine erste Haltungsänderung ein.*
1. Ich finde mich vor. Ich nehme das realistisch wahr an meinem Körper: Hand anschauen, bewegen, betasten. Kopf in die Hand nehmen, abtasten. Ich sehe, erlebe, wie ich höre, sitze, die Arme bewege, atme ... Ich kann den ganzen Körper abtasten. Ich finde mich vor. – Auch mein *Inneres* finde ich vor. Ich sage: «Ich». Ich denke, fühle, strebe, hoffe, erwarte, vertraue, suche. – Unzweifelhaft und unabänderlich: Ich finde mich vor. Kein Wunsch, kein Träumen, keine Maßnahme kann diese Tatsache auslöschen. Ich nehme mich *besinnend* wahr: Die ganze Fülle, die ich vorfinde:

Blutkreislauf, Sauerstoffversorgung, innere und äußere Organe, ihr unbegreifliches Funktionieren ... – Die innere Erlebnisfähigkeit. Was ist schon durch dieses Innere gegangen? Freude, Glück, Trug, Enttäuschung, Liebe, Hingabe, Ärger, Reue, Ungeduld, Geduld ... Das finde ich vor.

2. *Ich bin einmalig*. Ich finde mich als diesen ganz bestimmten Menschen vor. An einem bestimmten Tage gezeugt, geboren. Mit diesem Gesicht, diesem Fingerabdruck, diesem Namen. Männlich oder weiblich. Aus dieser Familie kommend, mit dieser meiner Geschichte, dieser Erziehung. Mit diesen Veranlagungen und Begabungen ... diesen Hemmungen und Grenzen ... mit allem, was mit mir geschehen ist und was ich getan habe ... an dieser Stelle der Welt, diesem Augenblick der Weltgeschichte. Angewiesen auf diese Welt, diese Menschen, diese Zeit ... angelegt dazu, mit all diesem in Beziehungen zu leben. Dieser konkrete, einmalige Mensch bin ich.

3. *Ich bin da, ohne gefragt zu sein*. Ich habe das Dasein nicht gewählt. Es ist mir gegeben. Oder aufgezwungen? Von wem? Mein Ursprung sieht wie ein Zufall aus: daß diese Eltern sich kennengelernt haben, in dieser Stunde beisammen waren, diese Zellen sich vereint haben ... Ist das der Grund, warum ich da bin ? Ist dann mein Dasein nicht Zufall, nicht sinnlos? So glauben ja manche und nehmen es auf sich, mit dieser Grund-losigkeit zu leben, mit dieser Absurdität. – Oder liegt der eigentliche Grund meines Daseins in einer Tiefe, die hinter dem feststellbaren Geschehen liegt? Weist darauf nicht manches Sinnvolle in meinem bisherigen Leben hin? Vor allem aber das Verlangen nach einem Sinn des Lebens, das mich nicht losläßt? Dann wäre ich da, weil ein letzter Urgrund der eigentliche Grund für mein Dasein ist ...

4. *Ich bin mir gegeben*. Ich finde mich nicht nur vor, sondern – wie geheimnisvoll – ich bin mir gegeben. Das muß ich zu erfassen, zu erleben suchen ... Ich bin mir selbst Material, das mir zu eigen gegeben ist ... Und wie reich ist es, was mir zur Verfügung steht! Ich brauche nur an die Blinden, Tauben, Gelähmten, Aussätzigen zu denken, an die Gestörten,

Neurotischen, Geisteskranken ... Was ist mir doch alles gegeben! (realisieren!) All das besitze ich – und doch besitze ich mich nicht ganz. Wie merkwürdig ... Immer habe ich Mühe, mich zu begreifen ... mich einzuholen ... mich «in der Hand zu haben» ... ich selber zu werden ... Ich bin mir *als ein Geheimnis gegeben*. Wie soll ich mit diesem umgehen? Mit diesem leben?

5. Ich bin mir als Entwurf gegeben. Ich kann mich nicht willkürlich manipulieren. Schon meinem Körper kann ich kein Glied oder Organ hinzufügen. Mein ganzes Wesen ist angelegt und disponiert auf bestimmte Formen der Verwirklichung hin. Genau wie jedes Tier seine Wesensgestalt verwirklichen muß. Ich bin als geistige Gestalt angelegt, und zwar als diese bestimmte. Diese muß durchkommen. So bin ich entworfen als Mann oder als Frau. Ich kann nur ich selber werden, wenn ich dem Entwurf entspreche. Nehme ich meinen Entwurf nicht an, gehe ich nicht von ihm aus, so trage ich Widerspruch und Zerrissenheit in mir. Ich verfehle mein Wesen und muß die Qual der Verfälschung, der Entfremdung tragen. Ich würde zur Fratze meiner selbst ...

Es gibt nur einen Weg zur Gesundung und Freiheit: Ich nehme die Tatsache hin: Ich bin mir gegeben ... Geschenkt sind das «Material», die Sinntendenzen des «Materials» und die herrscherliche Verfügungsgewalt.

2. Tag: Ich bin mir aufgegeben

Worauf es ankommt: *Was vorher als Entwurf allgemein erkannt wurde, gilt es nun im einzelnen zu erfassen, als Möglichkeit und Aufgabe zu erkennen, zu erfahren, hinzunehmen und vom Innersten her zu bejahen.*

1. Mit meinem «Material» kann ich etwas machen. Mit meinem *Leben*. Ich kann richtig damit umgehen, dann gedeiht es, entfaltet es sich richtig ... Ich kann acht geben auf das, was sich da in mir anmeldet und wachsen will. Ich kann mir aber auch Ziele setzen, die sich lohnen ... Ich kann mich an etwas hingeben. Ist es richtig, ist es groß genug, so wachse ich, reife ich, werde mehr und mehr vollendet ... Ich kann den Weg zu dem Ziel überlegen und ihn geduldig und konsequent Schritt für Schritt gehen...

Ich kann mit meinem Körper etwas machen. Gesundheit ist nicht einfach Schicksal. Was müßte ich entfalten, stärken, üben? Welche Schwächen überwinden? Ich kann Geschicklichkeit üben, Schönheit fördern. Der Körper kann beherrscht, aber auch durchseelt sein. Seine Fähigkeiten lassen sich entwickeln: sehen, beobachten, wahrnehmen ...

Ich kann den inneren Menschen entfalten, kräftigen, ordnen, vertiefen, bereichern, läutern. Wodurch? Wie? ...

Ich kann mit meinem «Material» etwas machen für meinen Weltbereich, kann beitragen, daß es auf der Welt besser und schöner wird, daß das Notwendige geschieht an Kindern, Mitmenschen, in meinem künftigen Beruf, meiner Familie, durch Überwindung der großen Übel in der Welt, zum Aufbau einer menschenwürdigen Zukunft ...

2. *Aber nur, wenn ich mich annehme*, mich als diesen konkreten, so vorgefundenen Menschen. Ich darf nicht mehr träumen und denken: wenn ich so wäre wie der, ja dann ... Ich muß als dieser, als diese leben. Muß mein *Positives* sehen und es als Ganzes annehmen, in meine Verantwortung nehmen. Ich muß meine *Grenzen* nüchtern sehen und mich mit ihnen abfinden (aber sie nicht versehentlich für zu eng halten!), auch sie annehmen. Ich muß mich annehmen wie ich *jetzt* bin, mit meinen Kräften, Begabungen, Fähigkeiten; mit meinen *Schwächen und Fehlern*, die mir jetzt zur Bewältigung aufgegeben sind, mit meinen *Reifungsstufen*, zu denen innerstes Leben hindrängt, die gelebt sein wollen. Ich muß mich annehmen als einer, der *auf dem Wege ist*, immer weiter wachsen muß, und sich dem Letzten nur nähern kann. Ich muß mich, wie ich mich vorfinde, nüchtern als Aufgabe annehmen.

Nur die ganzheitliche Annahme meiner selbst, illusionslos, bereit, tapfer, liebend, macht mich frei, richtig zu werden. Ich bin mir aufgegeben.

In dieser Meditation versuchen wir also, alle Gegebenheiten unseres Wesens, Daseins, Lebens zu sehen und zu ihnen ja zu sagen, als Gabe und Aufgabe, ganz von innen her.

3. Tag: Was die Annahme meiner selbst erschwert

Manches sträubt sich in mir, daß ich mich hinnehme, wie ich bin.

1. Wünsche. Es gehört zum Wesen unseres Menschseins, daß wir in Bewegung sind, wünschend, erwartend, hoffend, auf Ziele zugehend. Was wünsche ich mir eigentlich im tiefsten? (Dieses ins einzelne klären und sich eingestehen, aufschreiben.)
Trage ich *unerfüllbare Wünsche* in mir? Welche? Will ich sein, wie ich gar nicht sein kann? (Vielleicht wünsche ich mir auch andere so, wie sie gar nicht sein können?) Habe ich ausgedachte Ideale, die unrealistisch sind, mich überfordern? Alle unerfüllbaren Wünsche sind lebenshindernd; sie lenken mein Material in eine Sackgasse, in der sich alles staut und verstopft ... Sie zerreißen mein Wesen ... Sie lähmen es ... sie verhindern das freie Gehen auf das Richtige, Mögliche, Wesensgerechte, Aufgegebene; sie zermürben und zersetzen meine Kräfte.
Hier ist ein tiefer Verzicht auf alles wirklich Unerfüllbare nötig! ... Ich will versuchen, tief, ernst, vorsichtig, ehrlich zu verzichten. Vielleicht ist das nur in immer neuen Ansätzen möglich. Solche Verzichte sind für manche nicht leicht. Aber sie sind nötig und immer befreiend.

2. Mängel, Grenzen, Fehler, die die Annahme hindern. Manches gehört zu mir, was mir nicht angenehm ist, was sich schwer bejahen läßt, nicht liebenswert ist, was ich mir anders wünsche. –
a) Ganz offen und geduldig aufsteigen lassen, gegen was ich mich sträube: unvorteilhafte Gestalt, Gesichtszüge, Gewohnheiten, innere Schwierigkeiten, Begrenztheiten. Das Fehlen dessen, worum ich andere beneiden könnte.
b) Sich eingestehen: es ist wirklich nicht leicht, sich damit abzufinden.
c) Aber sich nicht mit den Fehlern abfinden, die geändert werden können und müßten; annehmen heißt hier: die Fehler als Aufgabe betrachten und um ihre Überwindung ringen.

3. Die Mühsal. Auch das Positive ist oft nicht leicht anzunehmen, weil alle Begabung verpflichtet und Verantwortung auferlegt, das Gegebene zu entfalten, geduldig und zäh zu üben, zu gestalten, fruchtbar werden zu lassen für andere. Meine Begabung ist nicht einfach mir, sondern mir für andere gegeben. Es gibt die Trägheit und Bequemlichkeit, die die Annahme verweigern möchte. Fühle ich sie? Sie ist eigentlich etwas beschämend!

(Aufgabe dieser Stufe ist es, allen Hemmungen und Widerständen zum Trotz das mutige, demütige, freie und ganze Ja zu uns zu sprechen, vielleicht in der Form «Ich bin ich», «Ich will ich sein», so lange und so tief, bis es ganz vollzogen ist. Im folgenden wird dies erleichtert und vertieft.)[4]

4. Tag: Was die Annahme seiner selbst erleichtert und ermöglicht

Was für unser Dasein so grundlegend ist, dazu muß uns auch die Natur wie von selbst drängen. Zu unserem Ziel helfen:

1. Tiefe Wünsche, die aus meinem Wesen kommen. Ich lasse sie aufsteigen: der Wunsch, richtig zu werden, heil zu werden, leben zu können, den Willen zur Freiheit, zum Herrschen über mich, zur Selbstbehauptung; den Bewältigungsdrang, der mit dem Leben fertig werden möchte. Der Strom dieser Wünsche drängt mich und trägt mich zum Ja-sagen.

2. Die Erkenntnis, daß die Annahme meiner selbst das Richtige ist.
Die Ablehnung meiner selbst ist kein Zeichen von Abgeklärtheit oder Reife, sondern von sinnlosem Widerstand. – Ablehnung macht mich gehemmt, unfrei, verwickelt mich in Widersprüche, blockiert das Leben, läßt mich vor anderen als unfertig, unreif oder mißglückt erscheinen. – Ich muß mit mir identisch werden. – Es wäre sinnlos, gegen das Unabänderliche anzugehen, Wünschen nachzuhängen, die unerfüllbar sind.

[4] Da es den meisten Menschen kaum möglich ist, sich allein wahrhaft selbst zu erkennen, empfiehlt es sich, bei dieser Stufe einen anderen zu befragen, dem man vertraut, von dem man sich anerkannt, vielleicht sogar geliebt weiß. Ihn wird man bitten, nach dem Text des dritten Tages vorzugehen, immer hilfreich und positiv, aber rücksichtslos offen. Er soll sagen, welche Vorzüge und Begabungen er an dem Fragenden bemerkt, wo aber auch seine Grenzen und Schwächen sind.

3. Die Erkenntnis meiner positiven Möglichkeiten. Was kann ich gut? Was liegt mir? Wie kann ich in der Gemeinschaft der Menschen einen Beitrag leisten; Aufgaben übernehmen, die viele andere schlechter erfüllen würden oder gar nicht? ...

4. Der Blick nach unten. Es gibt Menschen, die weit unbegabter, schwieriger, angeschlagener, sich selbst unsympathischer sind als ich. Auch sie müssen sich annehmen und mit ihrem Leben machen, was damit möglich ist. Wahrscheinlich stehe ich auf der Stufenleiter recht weit oben.

5. Der Blick auf meine Herkunft

a) Der Blick in die Tiefe. Alles in mir verlangt nach Sinn. Kann dann mein Dasein nur auf einem Zufall beruhen? Auf dem Zusammentreffen von zwei Geschlechtszellen? Ist das der wahre Grund für mein Dasein, für die Sinnfülle meines Daseins? Meine Frage geht tiefer, in den Grund, aus dem alles hervorgeht und auf dem alles ruht. Manche nennen es das Weltgeheimnis; manche sprechen vom Urgrund des Daseins. Sie sagen: Das ist mir zugedacht; damit finde ich mich ab.

b) Im Licht der Offenbarung. Ich bin gewollt. Der lebendige Gott hat mich ins Dasein gerufen. Er steht hinter allem, was mich werden ließ. Aus seiner Liebe bin ich hervorgegangen. Er spricht: «Mit ewiger Liebe habe ich dich geliebt» (Jer 31,3). Er kennt mich mit meinen Grenzen und Möglichkeiten und *sagt ja zu mir.* Er will, daß ich bin ... daß ich lebe ... Er steht hinter meinem So-sein. Als der Liebende, der mein Heilwerden wünscht und mich auf dem Wege dorthin geleitet und mitgestaltet. Gott nimmt mich an, holt mich da ab, wo ich jetzt stehe, nimmt mich so an, wie ich jetzt bin. Wie sollte ich mich nicht annehmen?

5. Tag: Die Annahme

1. Ich konfrontiere mich mit den Fakten meines eigenen Wesens, der eigenen Geschichte, des gegenwärtigen Zustandes. Was darin unerwünscht aber wirklich unabänderlich ist, damit finde ich mich ab. Gott gibt es mir. Als Aufgabe zur Bewältigung, zum Reifen daran. Ich nehme es von ihm an, bereitwillig. Ich gebe mich seinem Willen hin. – So wird Ruhe und Friede.

2. *Ich beginne mein ganzes Wesen mit seinen Höhen und Tiefen zu bejahen.* Ich freunde mich damit an. Sage gleichsam: «Wir beide müssen zusammen leben. Wir wollen gut zusammenhalten. Wir wollen das Beste aus uns machen. Wir wollen eine vollkommene Einheit werden ...».

3. *Ich nehme mich als gegeben von Gott an.* Von dir! Ich komme ja aus deiner Liebe. Auch wenn ich nicht alles verstehe. Du gibst mich mir. Ich bin mir geschenkt. Als vielfältige Gabe ... Als vielfältige Aufgabe ... Ich gebe mich deiner liebenden Absicht hin. Ich will so, wie ich bin, deinen Auftrag erfüllen, dein Werkzeug sein. Ich nehme mich an im Vertrauen auf deine Mitwirkung. Geduldig, demütig, mutig, mit einem tiefen frohen Ja.

Wenn ich mich annehme, nehme ich dich an, deine Absicht, deine Liebe. Mit deiner Liebe kann ich völlig eins werden. Ein tiefes, befreiendes Ja zu mir strömt aus meinem Inneren zu dir hinüber.

Es ist sinnvoll, das Ganze im Gespräch mit dem Schöpfer zu beenden.[5]

[5] Auf die Wichtigkeit gerade dieses Textes wies eine Äbtissin hin, die bemerkte: dieser müßte in jedem Noviziat als Grundlage gebraucht werden.

Zur Innerung des eigenen Lebens können folgende Anleitungen helfen:

1. EIGENE ERFAHRUNGEN

Nicht verdrängen. Sie in sich gegenwärtig halten, nachklingen lassen, sprechen lassen, was sie zu sagen haben, annehmen. – Ein anderer Akt ist es dann zu überlegen, was vielleicht zu tun ist.

2. RÜCKMEDITATIONEN

Bei diesen wie bei den Vorausmeditationen gilt immer: Sich lebhaft vorstellen, sich hineinversetzen, sich besinnen und von dort in die meditative Tiefe kommen. Auch als bloße Besinnungen sind diese Übungen von großem Wert.

a) Am Abend: Rückblick auf den Tag. An das Erlebte sich erinnern und es in die eigene Mitte holen. – Oder sich fragen: War ich in meinem Tun oder wurde ich gelebt? – Oder: Durchgehen des Tages vor Gottes Angesicht: dankend, fragend, um Vergebung bittend, sich hingebend.

b) Andere Gelegenheiten: Nach besonderen Erlebnissen und Ereignissen; an Gedenktagen, am Wochenende, am Jahresende …

3. VORAUSMEDITATIONEN

a) Am Morgen: Die Begegnungen und Ereignisse vorausbetrachten; es soll *mein* gelebtes Leben werden. – Oder: Was ist wichtig? Worauf kommt es im Leben und heute an? – Oder: Vor Gottes Angesicht fragend: Was hast du bei den kommenden Begegnungen mit mir vor? Was erwartest du an Haltung, Gesinnung, Tun? In Hingabe und Bitte den Tag, soweit möglich, vorausvollziehen.

b) Sonstige Gelegenheiten: Vor wichtigen Gesprächen, einem Besuch, einem Theaterabend … (vgl. «Ich werde schlafen» S. 44. «Du bist eingeladen» S. 55)

4. DIE GEGENWÄRTIGE STATION MEINES LEBENS

Als Werdender, als Ehemann, als Mutter, als Verantwortlicher ...

5. DIE ANDEREN

Unser Leben verwirklicht sich vor allem in *Beziehungen*. Sie wollen meditiert werden. Das verstehende Sich-hinein-Meditieren in das *andere Geschlecht* ist eine bleibende Lebensaufgabe und die Voraussetzung sinnvollen Zusammenlebens. Ebenso gilt es immer wieder, die *anderen Altersstufen* von innen her zu erfassen, in sie einzutreten, sie verstehend nachzuvollziehen.

Gemeinschaft kann wohl nur werden, wenn die anderen in ihrer Eigenart wahrgenommen werden, dieser Raum gegeben wird, das eigene Wesen sich ihr öffnet, sie bestätigt und sich so das Leben der einzelnen mit den anderen verbindet und sich gegenseitig durchdringt.

6. FINDEN ZUM EIGENEN URSPRÜNGLICHEN

Beim Meditieren unser Eigentliches kommen lassen, ihm Raum geben. Aus aller Überdeckung und Verfremdung herauskommen. Kontakt zum Ursprünglichen in uns, zum Originalen bekommen. Dafür herausfinden, was uns an den Dingen und Menschen um uns verwandt ist, was dieses Ursprüngliche in uns zum Klingen bringt und uns zur Selbstwerdung hilft.

Und immer tiefere Verbindung zum letzten Ursprung finden, aus dem wir ununterbrochen hervorgehen, der uns im Dasein hält.

Nicht leben in der «angemaßten Selbständigkeit» des kleinen Ich, sondern aus der Fülle des großen Ich, das alles vom letzten Geheimnis unseres Daseins empfängt und in Kommunikation mit ihm lebt, handelt, leidet, wirkt.

ZWEITER HAUPTTEIL

BESONDERE GEBIETE NATURALER MEDITATION

I. EINFACHES TUN

Einfaches, gleichmäßiges Tun läßt sich leicht im Vollzug meditieren. Der Inhalt ist erlebt gegenwärtig, das gleichmäßige Tun stimmt zur Meditation. Beides trägt sich gegenseitig.

1. ICH SEHE – *ein Führungstext*

Ich erfahre es in diesem Augenblick. Was sehe ich alles? ... Bis ins einzelne ... Merkwürdig, daß das alles in mich hineintritt!
Wenn ich an einem Aussichtspunkt wäre ... ich erinnere mich ...
Was trat da alles durch diese Augen in mich herein! Ganze Wälder, Wiesen, Felder, Dörfer, Berge ... Wie ist das möglich! ...
Ich denke an die Fülle dessen, was ich je gesehen habe ... Welche Welten sind in mich eingetreten! Was ist mir da alles geschenkt worden! ...
Ich versuche mir vorzustellen, was in mir wäre, wenn ich von Geburt an blind wäre ... Nur was durch das Tasten und das Hören zu mir kommt ... Keine Farbe, keine Landschaft, kein sichtbares Ereignis, kein Angesicht .. Alles, was ich je gesehen habe, ist mir geschenkt ...
Ich mache ständig Farbaufnahmen, ja einen Farbfilm ... Alles Gesehene bleibt irgendwie in mir. Ich kann mich erinnern ... Vorräte sammeln sich an. Wie? Wo? ... Wie mühelos kann ich vieles wieder hervorrufen: das Bild meines Zimmers, die elterliche Wohnung, die Straßen, die Ferienlandschaft, die Gesichter der Eltern und Geschwister ... Kunstwerke ... Durch das Sehen bin ich unermeßlich beschenkt worden ... Ich verweile in diesem Geschehen, in diesem Unbegreiflichen ... Vielleicht meldet sich das Staunen ... das Ahnen einer tieferen, unbegreiflichen Wirklichkeit, aus der all das kommt ...

2. ICH HÖRE – *ein Führungstext*

Was höre ich in diesem Augenblick? Geräusche, Schritte, Stimmen? ... Und sonst: Musik, Worte, Berichte, Dichtung, Herzensäußerungen ...

Ich bin im Konzert. Dort vorn schwirren Darmsaiten. Luftwellen kommen an mein Ohr. In mir baut sich auf: Klang, Harmonie, Rhythmus, ein Kunstwerk, eine Symphonie … Wie geht das? …
Dabei kommt zugleich das Innere des verstorbenen Meisters mit meinem Inneren in Berührung. Unbegreifliches Wunder! …
Ich höre einen anderen sprechen. Einen Vortrag. Aus dem Inneren des anderen steigen Sprachgestalten auf, formen sich Sätze, die Sätze sind getragen von Lauten, Geräuschen, Klang, Stimme … Unsichtbar kommt dies zu mir. Es dringt in mein Ohr. In mir bauen sich seine Gedanken auf ...
Ich höre ein Wort der Liebe. Die Stimme der Mutter, des Geliebten klingt anders als sonst … In mir wacht auf: Ich bin verstanden, angenommen, geliebt …
Ich versuche mir körperlich vorzustellen, ich sei taub, ich sähe um mich nur Mundbewegungen, aber hörte nichts … Menschen tauschen sich aus, ich bin ausgeschlossen …
Ich sehe einen Menschen. Er ist mir sympathisch. Zwischen ihm und mir ist eine Mauer. Ich kann nicht hören, was er mir sagen will. Er wendet sich von mir ab … Ich sehe einen Geiger, beobachte das Streichen des Bogens, die Bewegungen der Finger auf den Saiten, aber es kommt kein Klang in mich hinein. …
Die ganze Fülle der Musik, die ich empfangen habe, das Kinderlied, das Chorsingen, die Klänge aus dem Radio, mein Musizieren, all das wäre nicht da …
Welche Fülle ist im Hören schon in mich eingegangen! … Ich verharre in der Fülle dessen, das in mich durch die Ohren eingegangen ist …

3. ICH ATME – ein Führungstext

Ich lasse meinen Atem strömen, wie er von selber kommt und geht …
Ich nehme das Durchgehen der Luft in der Nasenöffnung wahr …
Ich weiß: Auf diesem Wege wird die Luft befeuchtet, erwärmt, gereinigt.

Ich nehme das Vorbeiströmen der Luft hinten, über dem Gaumen, wahr.
Ich nehme wahr, wie die Luft durch die Bronchien in die Lunge strömt ...
Ich nehme wahr, wie sich das Zwerchfell vorwölbt und zurückzieht ...
Ich nehme das ganze Ein und Aus wahr ...
Ich weiß, der Sauerstoff geht von der Lunge ins Blut über. Ihre Fläche ist so groß wie die eines Tennisplatzes. Ich verfolge das Strömen des Blutes mit dem neuen Sauerstoff in alle Körperteile: Rumpf ... Beine ... Füße ... Arme ... Hände ... Kopf ... Alles wird durchblutet, gesättigt ...
Der neue Sauerstoff dient der Verbrennung. Überall, wo es warm ist, ist die Wirkung des Atems erlebbar. Ich erlebe die vom Atem getragene Wärme...
Ich erlebe, wie ich auf das Atmen und die Luft angewiesen bin. Ich atme aus und versuche möglichst lange nicht einzuatmen. Ich *muß* es tun. Ich bin von der Luft abhängig ... Ich muß ununterbrochen beschenkt werden. Mein Leben hängt an einem ständigen Beschenktwerden. Merkwürdig! ...
Woher kommt dies Beschenktwerden? Die Luft ist in hundert Millionen Jahren durch die Pflanzen, vor allem durch die Bäume gebildet worden. Hundert Millionen Jahre Vorbereitung, damit ich jetzt hier atmen kann ..
Dabei ist die Luftschicht um die Erde so dünn wie ein Papier um eine Apfelsine. Daran hängt mein Leben ...
Ich atme und erfahre darin Beschenkung ... Es geht alles von selbst. Alles ist für mich bereitet, mir zugedacht ... Was steht dahinter? Welche beschenkende Macht, erquickend, wohlwollend? Es ist gut, auf solche Weise, im Atmen, das letzte Geheimnis durchleuchtend zu erfahren ...

4. ICH GEHE – eine Niederschrift

In der folgenden Niederschrift geht die naturale Meditation des Gehens in eine Glaubensmeditation über. Der Vorgang lädt zum Nachvollzug ein.
Ich ging auf einem einsamen Weg. Ich hatte nichts vor als zu gehen. Allmählich nahm ich das Unbegreifliche wahr: Ich gehe. Ich weiß nicht, wie

das geschieht. Wie ich Gleichgewicht halte, wie meine Beine sich bewegen. Ich kann es und weiß nicht wie. Das erfuhr ich intensiv.
Dann kam mir der Gedanke: Wohin bist du eigentlich unterwegs? Nun, dort zum Wald hin. – Aber was ist dein eigentliches Ziel? Ich dachte an Gott und sein Reich und an die Vollendung von allem. Diesem gehe ich entgegen.
Wodurch? Durch jede rechte Tat, durch jeden Tag, den ich nach Gottes Absicht lebe. Auch durch jeden Schritt, den ich jetzt tue. Denn es ist recht, daß ich hier gehe.
Ich erlebte nun jeden Schritt als Gehen zu Gott. Immer näher, immer näher. Es wurde sehr intensiv, ja überwältigend. Ich wußte, daß ich von ihm gerufen, aber auch von ihm begleitet und gezogen bin. Darin verweilte ich gehend eine lange Zeit.

5. ICH WERDE SCHLAFEN – *Anleitung zu einer Vorausmeditation*

Es ist spät. Es wird Zeit, daß ich schlafen gehe. Ich vollziehe innerlich, was ich tun werde: Wegräumen, ans Waschbecken gehen, das Bett bereiten, entkleiden, legen, zudecken …
Ich werde meinen bewußten Selbstbesitz aufgeben, mich loslassen, mich der Macht des Schlafes ausliefern, mich ihm anvertrauen …
Wie tief geht das Sich-anvertrauen? Bis zum Bett, daß es mich tragen wird? Bis zu der Decke, daß sie mich warm hält? Bis zur Tiefe des eigenen Inneren, daß es mein bewußtes Leben aufnehmen wird? Bis zu der letzten Macht, zu Ihm, daß er mich trägt, birgt? …
Gleich lege ich mich. Dann werde ich getragen sein und geborgen sein. Das wird Ausdruck für mein letztes Getragen- und Geborgensein, für mein letztes Vertrauen zum Dasein, zu Gott …

Andere Beispiele wären: Ich arbeite, ich frühstücke, ich lese, ich sitze, ich schwimme, ich schweige. Jedes ist eine Welt für sich. Welches Tun ist noch für die Innerung geeignet?

II. EINFACHE DINGE

Alle Dinge haben Aussagecharakter. In der Meditation sollen sie «zu Wort» kommen, während wir schweigen und empfangen. Dabei werden sie oft zu Symbolen für uns und unser Leben.

1. AM BACH – eine Anleitung

Setze dich an einen Bach oder Fluß. Wenn du ganz zur Ruhe und Sammlung gekommen bist, überlasse dich dem Eindruck des vorbeiströmenden Wassers. Es ist voll der Aussagen.

2. DAS WASSER – eine Anleitung

Als Vorbereitung empfiehlt sich ein Ort, an dem man Wasser sehen kann, das Ufer eines Sees, bei einer Quelle. Möglich ist es, eine größere schöne Schale mit Wasser vor sich zu stellen. Die Meditation gelingt wohl besser, wenn man vorher davon trinkt, das Gesicht und die Hände ins Wasser taucht, im See schwimmt ...

Beim Vollzug schaue das Wasser an und laß dir einfallen, in welcher Weise dir das Wasser schon begegnet ist: Wie du es sahst ... Was es mit dir tat ... Was du mit ihm tatest ... Wie es dich erfreute, beschenkte, bedrohte ... Wie es deinem Leben dient, es erhält, in dir ist ... Laß alle diese Erfahrungen im Anblick des Wassers, das vor dir ist, gegenwärtig werden und verweile in seiner Erfahrungsnähe ... Wenn Staunen oder Dankbarkeit aufsteigen, verweile darin ...

Diese Meditation kann öfters wiederholt werden.

Später können Bibelworte über das Wasser hineingenommen werden: «Wiedergeboren aus dem Wasser und dem heiligen Geiste» und andere, etwa Joh 4,7; 7,37–39.

3. DER WINTERBACH – eine Niederschrift

Was sich aus der Meditation eines Naturdinges entwickeln kann, zeigt die folgende Niederschrift. Sie steht weniger zum Nachvollziehen hier – einen solchen Bach hat man nicht leicht vor Augen – mehr als Hinweis darauf, wie sich die Meditation eines Naturdinges zur Symbolmeditation vertiefen und bis zu den letzten Lebenshaltungen und -vollzügen führen kann.

Ich ging die schmale Fahrstraße das Tal hinein. Sie führte ständig, bald näher, bald ferner, neben dem Bach einher, der etwa fünf Schritte breit war. An einer Stelle blieb ich stehen und suchte wahrzunehmen, was vor meinen Blicken geschah.

Der Bach bot ein vielfältiges Bild. Ein beträchtliches Stück des Baches konnte ich übersehen, der hier in rechter Breite vor mir dahinfloß ... Was geschah da alles!

Da war das Tanzen und Hüpfen der Wellen. Unnennbar ihre Anzahl, ihr Kommen und Gehen. Es war ein Rauschen und Glucksen zu vernehmen, man sah das Strömen und Anstoßen, das Aufschäumen und Weiterdrängen. Im ganzen war es eine große, wenn auch vielfach unterbrochene Bewegung hinab, hinab einem fernen Ziele zu. Das ganze Schauspiel vor mir war im Grunde *ein* Vorgang, die Erfüllung eines Wesensauftrages. Der Bach tat, was seinem Wesen aufgegeben war ...

Aber noch mehr bot sich meinem Blick. Da waren Stellen, die vereist waren, Eisplatten aus kälteren Tagen, die überströmt und unterflutet wurden von der großen, drängenden Bewegung. Man sah das Wasser unter ihnen fließen und tanzende, dahinziehende Luftblasen, die das Wasser mit sich führte. Auf den Eisplatten sah man Rinnsale, die sich bald verbreiterten und als Flächen dahinströmten, bald sich in kleinen Mulden zusammenfanden und kleine Bäche in dem großen Bach bildeten.

An einer Stelle traf die Strömung auf einen dicken Stein, der noch vom Schnee vergangener Tage gekrönt war, durchlöchert von den Spritzern, die aus dem aufgischtenden Wasser empor sprangen. An einer Stelle hatte sich eine Eisbarriere gebildet, gegen die die Strömung anlief; aber unverdrossen kehrte sie zur Seite, lief eine kleine Strecke fast im Gegenzug und vermengte sich dann mit dem breiteren Arm des Baches, der daneben ungehindert dem Tale zuströmte.

All das vielfache Geschehen, die unbeschreiblich vielen Bewegungen des Wassers, das Laufen, Hüpfen, Stoßen, Drängen, Sich-gehenlassen, Mitgenommen-werden; die Geräusche, das Glucksen, Rauschen, Anstoßen, Aufspritzen, Fallen, Niederklatschen; die Gestalt des reinen, klaren Wassers in seiner unablässigen Veränderung; die Eisflächen, -krusten und -blöcke, der Schnee: waren das nicht Gestalten und Vorgänge, die sich einfach aus dem Wasser ergaben? ... Die mit einer einzigen kleinen Formel ausgesprochen werden können: Vollkommener Wesensgehorsam. Gehorsam des Wassers gegen das, was Wasser ist. ... Ein einziges Geschehen war jetzt vor mir, in all den zahllosen Vorgängen, Gestalten und Abläufen: Vollkommener lückenloser Gehorsam. Nichts geschah außerhalb dieses Gehorsams. In jedem Vorgang drückte er sich aus. Was lag näher, als an unseren, an meinen Lebensgehorsam zu denken ...

Und doch wurde mir noch ein anderes Gestaltungsgesetz klar, das sich in all diesem Geschehen ausdrückte: Antwort auf die Situation. Auch das vollzog der Bach, und zwar in vollkommener Weise. Nie und nirgend wurde die Situation übersehen. Alles, was ich sah, war zugleich Antwort auf die Situation: Auf das Tal, den Grund des Bachbettes, die Steine, die Temperatur, das Angezogen-werden und darum das Strömen zur Tiefe. So wurde das, was sich meinem Blick so vielfältig bot, ein wunderbares, reiches Sinnbild unseres menschlichen Lebens und des Auftrages an uns, in allem den eigenen Wesensauftrag zu erfüllen ... Und dieses nicht ins Leere hinein, sondern als Antwort auf die Situation; auf das, was uns entgegen kommt, was uns begegnet, uns aufgegeben ist ...

Lange blieb ich schauend an dem Bach stehen. Immer mehr vom reinen Gehorsam gegen den Wesensauftrag unseres Lebens kam mir vor den inneren Blick. Und immer mehr begriff ich, wie alles richtige Handeln von diesen zwei Momenten bestimmt ist: vom vollkommenen Gehorsam gegen das eigene Wesen und gegen die gegebene Situation.

Und darin als die große, vorwärtsdrängende Lebenskraft: die Liebe, die sich im Gehorsam gegen das von Gott Gemeinte, seine Absicht, seinen Willen ausdrückt und den Dienst an den Menschen erfüllt.
Immer wieder kommt das umfassende Sinnbild des Winterbaches vor meinen inneren Blick und mit ihm das, was er mir gesagt hat: Alldurchdringender Gehorsam aus Liebe.

4. *DER ERDBODEN – eine Niederschrift*

Ich kam an einem frisch gepflügten Acker vorbei. Da zog es mich, Erde zu meditieren. Ich setzte mich ruhig nieder, griff eine Handvoll Ackerboden, roch daran, drückte und zerbröckelte ihn, ließ ihn durch die Finger rinnen. So kam ich in engen Kontakt. Mir kamen die Worte: erdhaft, frisch, fruchtbar …
Dann schaute ich den Acker an und merkte, daß ich auf etwas Wunderbares schaute. Erst fiel mir die Unzahl von Lebewesen ein, die in einer einzigen Ackerscholle leben und das Wachsen der Pflanzen ermöglichen. Dann dachte ich, was die Erde alles hervorbringt – das Wort aus dem Schöpfungslied fiel mir ein «die Erde bringe hervor …» – und daß wir von ihr leben. Ich von ihr. «Mutter Erde».
Dann: zu ihr werden wir zurückkehren, in ihr werde ich ruhen. – Adam, Mann aus Erde, das bin ich. Ich fühlte die Einheit. – Und dann das Lichtwort, das vielleicht auf meinem Grabe stehen wird: Hier ruht in Gott.

5. *DAS BROT – eine Anleitung*

Lege ein Brot vor dich auf den Tisch, komme vollkommen zur Ruhe und laß das Brot auf dich wirken. Laß seine ganze Sinnaussage in dich ein. Falls das nicht genügt, stelle Fragen nach seinem Ursprung und seinem Weg, den es nahm, bis es so vor dir liegt. Auf der nächsten Stufe achte auf dein Angewiesensein auf Nahrung. Dann auf seinen Symbolwert. Verweile an einer Stelle so lange es geht. Bei einer Wiederholung laß das Wort «Brot des Lebens» in dir aufklingen.

6. DER SCHLÜSSEL – *eine Anleitung für mehrere Tage*

Auf dem Tisch liegt eine möglichst gleichmäßig gefärbte Decke, darauf der Schlüssel der eigenen Zimmertür.

Was sehe ich? Ein Metallstück, eine kleine runde Stange, rechts eine Öse, links ein gezackter Ansatz. Das ist alles, was diese einfache Realität vor mir zeigt.

Nun laß dieses Ding auf dich wirken. Ist es so nicht sinnlos? Es kommt erst zu seinem Sinn, wenn ein Schloß da ist ... Noch mehr: ein Schloß an einer Tür oder einem Deckel ... Noch mehr: die Tür muß Abschluß eines Raumes sein, der Deckel Verschluß eines Kastens ... Noch mehr: ein Mensch muß dieses Eisenstück als Schlüssel gebrauchen ... Merkwürdig: erst durch diese Beziehungen und durch diese Funktion wird dieses Stück Metall vor mir das, was es ist, ein Schlüssel ...

Mehr und mehr kann die Welt des Schlüssels aufgehen. Erlebnisse, Erfahrungen, die wir mit einem Schlüssel gemacht haben ... Deine Zimmertür, von innen, von außen verschlossen ... Du im Zimmer ... du draußen ... Sicherheit, Ungestörtheit, Gefangensein, Freisein, Ausgeschlossensein ... Laß diese ganze Welt aufgehen ... Der Schreibtischschlüssel ... Der Autoschlüssel ... Der Haustürschlüssel, ... was kann er für einen Menschen bedeuten!

So etwas gibt es auch im Bereich der menschlichen Person. Jemandem etwas erschließen: eine Landschaft, ein Kunstgebiet, einen Text ... einen Sinnzusammenhang ... Wo hast du das erfahren? ... Einen verschlossenen jungen Menschen aufschließen. Welche Befreiung! Ein verschlossenes Gesicht, ein offenes ... Sich einer Erkenntnis verschließen ... sich jemandem erschließen ... Habe ich jemandem etwas erschlossen? Wem bin ich Schlüssel? Wer hat mir etwas aufgeschlossen? Wer ist mir Schlüssel? Der Schlüssel zu einem Problem ... Wer all diesem nachgeht, dem wird viel aufgehen.

Sich Gott erschließen. Auch das gibt es ... Dafür muß Gott uns aufschließen ... «Da schloß der Herr der Lydia das Herz auf, daß sie den Worten des

Paulus aufmerksam lauschte» (Apg 16,14) … Was ist in mir Gott gegenüber verschlossen? … Vielleicht erinnerst du dich an Tiefenvorgänge, in denen sich etwas in dir Gott tiefer erschlossen hat … Oder er hat sich dir neu erschlossen … Von Christus heißt es in einer Adventantiphon: «O Schlüssel Davids, du öffnest und niemand kann schließen, du schließt, und niemand kann öffnen …» ein abgründiges Wort.
Immer von neuem, immer weiter und höher steigen die sinnspürenden Spiralbewegungen von dem Schlüssel auf, der da liegt, holen Weites, Hohes und Tiefes ein und kehren zu ihm mit geheimer Sinnfülle zurück.

7. FRÜCHTE – Stoffe zur selbständigen Vorbereitung einiger Meditationen

Es ist gut, zu Beginn einige Früchte vor sich zu haben sowie ein Blatt Papier. Möglich ist auch ein Bild von Früchten. Der nun folgende Prozeß hat zwei Stufen: Vorbereitung und eigentliche Innerung. Man kann erst das Ganze vorbereiten und dann mit dem Meditieren beginnen, kann aber auch schon nach der Vorbereitung einige Absätze des Gefundenen innern. Mancher wird lieber unmittelbar von den folgenden Texten aus zur Meditation übergehen.
Früchte, die ich schon gegessen habe … Sich ins Bewußtsein rufen, vorstellen, vielleicht auch notieren.
Die Welt der Früchte … und ihre Wirkung auf uns … im Sehen … Kosten … Vielleicht stellen sich Gedanken zum Notieren ein.
Schlage den Psalm 65 (64) Vers 10–14 auf. Diesen Text kannst du lesen und innern, wenn du so weit bist.
Sammle Stellen aus der Bibel, die vom Fruchttragen des Menschen sprechen, z. B. Mt 3,8–10; 7,16–17; 13,23; Joh 15,1–5. Dann frage dich: Was geht aus mir als Frucht hervor? Was ist über dieses Fruchtbringen zu innern?
Welche Früchte muß eine Gemeinde, muß die Kirche tragen? Aufschreiben.
Schreibe nun Joh 15,3 auf und notiere, was bei diesem Text meditiert werden könnte, z. B. daß die Kraft Christi in uns zum Fruchttragen drängt. Das führt in beträchtliche Tiefen.

Schlage im Galaterbrief 5,22–23 auf, damit du, wenn die Meditation soweit ist, von den Früchten des Heiligen Geistes lesen und sie vielleicht in dir wahrnehmen kannst.
Der Tag der Ernte. Was findest du darüber im Neuen Testament? Frage dich: Was werde ich, was wird unsere Generation an Früchten zu bringen haben?
Schlage Joh 15,16 auf, das sich als Abschluß eignet.
Mit dieser Vorbereitung ist sicher Stoff für eine Woche gegeben. Nun beginnt das Eigentliche.

8. DIE SCHALE – Anleitung zum selbständigen Entdecken

Stelle eine möglichst schöne Schale vor dich auf den leeren Tisch und lasse sie auf dich wirken. Erst als ganze, dann unter den Stichworten: Was tut sie? Was sagt mir ihre Gestalt, ihr Wesen? Wofür ist sie Symbol? Dabei kann sich der Blick von der Schale öfters lösen, die Augen schließen sich, du siehst die Schale in dir …

9. DER ELEKTRISCHE STROM – eine Anregung

Heute werde ich wieder den großen Teppich reinigen müssen. Bei der gleichmäßigen Tätigkeit und dem surrenden Geräusch des Staubsaugers bin ich schon oft in die Stille und Sammlung gekommen. Soll ich heute dabei den elektrischen Strom meditieren?
Seine Wirkung geht durch meine Hände. Ich fühle das leise Vibrieren des Staubsaugers. Ich höre sein Geräusch. Ich sehe seine Wirkung … Der Staubsauger ist getrieben vom Strom …
Von ihm aus geht mein Blick auf die Kabel … auf den Stecker … auf jenes geheimnisvolle, das man «Spannung» nennt. Wie entsteht sie?
Unser Haus ist an unser Kraftwerk angeschlossen. Was noch?
Bei dieser Frage wird mir eine Fülle von Geräten, Bewegungen, Diensten, Wirkungen in den Blick kommen …

Was bleibt stehen, wenn der Strom ausfällt? Das kann ich mir bewußt machen ... Auch mein Körper soll voll kaum erforschter Ströme sein ... Welch geheimnisvolles Wesen ist uns da im elektrischen Strom gegeben ... Ein großes Geschenk, unsichtbar gegenwärtig und dienend in jedem Haus ... Menschen verbindend, Geräte und Maschinen bewegend ... Daraus kann sich noch viel ergeben, wenn ich es innere in Breite und Tiefe ... Vielleicht ist der Strom auch Sinnbild? ...
Nun will ich beginnen. Hoffentlich klingelt jetzt nicht das Telefon.

10. ANDERE EINFACHE DINGE

Der Baum, die Blüte, der Regen; die Brücke, der Tisch, das Buch, das Telefon; meine rechte Hand, Wort und Sprache. Bei diesen und ähnlichen Dingen sind das unmittelbare Sehen und die Ganzwahrnehmung die Voraussetzungen. Von da aus entwickeln sich, wenn wir durch die grundlegenden Übungen in der inneren Tiefe sind, die Wirkungen und Aussagen ihres Wesens.

III. KUNSTWERKE

1. BILDER

Wenn du ein geeignetes Bild vor dir hast, gehe in folgenden Schritten vor. Zunächst läßt du deinen Blick auf dem Bilde schweifen. Dabei suche alles bis in die Einzelheiten wahrzunehmen (Ganzwahrnehmung). Dann frage dich: Von wem stammt das Bild? Aus welcher Zeit? Was ist sein Gegenstand? Was soll gesagt werden? Als drittes gehe auf die künstlerische Gestaltung ein, den Aufbau, die Linienführung, die Formen, die Einzelheiten im Ganzen des Bildes und suche die Absicht des Künstlers zu verstehen. Schließlich schaue das Bild als Ganzes an und suche seine Aussage, die aus der Tiefenmitte des Künstlers kommend sich darin ausdrückt, in deine innere Tiefe kommen zu lassen. Dabei wirst du manchmal ruhig schauend verweilen, manchmal, wenn das Bild schon in dir ist, wirst du die Augen schließen.

Bist du bei der Auswahl der Bilder, die einer Meditation wert sind, nicht sicher, so laß dir von einem Erfahrenen geeignete angeben (vgl. FzM 203).

2. MUSIKWERKE MIT TEXTEN

Als geeignet zum meditierenden Aufnehmen seien genannt: «Die Schöpfung» von Joseph Haydn, «Der Messias» von Georg Friedrich Händel, die Passionen von Heinrich Schütz oder Johann Sebastian Bach und andere Oratorien. Es ist gut, den Text vorher gesammelt zu lesen und in sich aufzunehmen. Mancher hat ihn beim Hören gern vor sich. Indem wir hören, dringen der Text und seine Aussagen in uns ein, gedeutet und vertieft durch die Musik, die aus der Meditation des Künstlers entstanden ist und an der wir meditierend teilnehmen.

Beginne mit Ruhe, Sammlung und Schweigen, damit du dazu kommst, unmittelbar in deine Tiefe aufzunehmen.

IV. MITMENSCHEN

Warte, bis Nähe und Distanz gegeben sind, Nähe *nach einer guten Begegnung, einem Erlebnis mit dem anderen;* Distanz, *wenn alle gefühlsmäßige Bewegtheit abgeklungen, gesammelte Ruhe und Gegenwärtigkeit eingetreten und die fast sachliche aber wohlwollende, liebende Frage, die geistige Frage möglich ist: Wie ist er, wie ist sie eigentlich?*

1. DER VATER – *Anleitungs- oder Führungstext*

Im folgenden Modell zunächst alle Fragen lesen; vielleicht stellen sich auch andere ein. Dann sich von ihnen frei machen, um nach einer vorbereitenden Übung in Ruhe und Sammlung (vgl. S. 23 f), *dann in meditatives Wahrnehmen und Eindringen zu kommen. Eine andere Weise wäre, einer Frage nach der anderen nachzusinnen und von dort jeweils in die Tiefe zu gelangen.*
Wie erlebe ich meinen Vater? Wie ist er in der Freizeit? Wie steht er wohl in seinem Beruf, in seinem Schaffen, unter den Kollegen? Welche Geschichte hat er hinter sich? Was bedeutet es für ihn, mit dieser Frau, meiner Mutter, verheiratet zu sein? Und wie ist sein Verhältnis zu mir? Zu meinen Geschwistern?
Er ist Mensch. Sagt mir das etwas? ... Als solcher – es geht nicht anders – hat er Mängel und Grenzen. Was ist sein Positives? ... Was muß ich sonst in den Blick bekommen, um ihn zu fassen als der, der er ist?
Verweile bei den Einsichten, die sich einstellen. Vielleicht steigt auch auf, wie du besser mit ihm leben und auf ihn antworten kannst.

2. VORAUSMEDITATION DES PARTNERS – *eine Anleitung*

Der folgende Text kann für alle Liebenden eine Hilfe sein, für die Anfangenden wie für Braut- und Eheleute.

Vor der nächsten Verabredung oder Begegnung, vor dem Besuch oder Spaziergang, der Heimkehr des Gatten oder den tiefsten Begegnungen in der Ehe begib dich durch die Grundübung in völlige Ruhe, Tiefe und Gelassenheit. Dann laß deinen Partner vor deinen inneren Blick kommen und verlege den Schwerpunkt der Liebe aus dem Ich in das Du des anderen. Es ist der Schritt von der ich-bezogenen zur du-bezogenen Liebe.
Dann frage dich, indem du dich in ihn hineinfühlst: Wie ist er? Wie empfindet er? Was empfindet er? Was erwartet er? Was gelang das letztemal gut, was nicht? Was war an meiner Verfaßtheit nicht gut? – Wie kommt er bei der Begegnung zu *seinem* Leben, zu *seiner* Reifung, *seiner* Erfüllung? Wie ist er, wenn er richtig ist? Wie stelle ich mich ein, daß er richtig wird, in der Begegnung gedeiht, tiefer wird, sich verstanden weiß, bereichert wird, sich durch mein unabänderliches Wesen angefordert weiß? Daß wir gemeinsam weiterkommen, gut werden, wacher werden, tiefer den anderen empfinden, wie er ist, in seinen innersten Vorgängen wie in seiner Ganzheit? Daß alle körperlichen Zeichen aus meinem Eigensten und Innersten kommen, also mich ganz und wahrhaft enthalten; und daß sie auf das Innerste des andern gehen, nicht nur in sein äußeres Empfinden, schon gar nicht in mein Idealbild, daß also alle Zeichen mich ganz enthalten und wahrhaft sein Du erreichen?
Das führt zu einer Selbstlosigkeit, in der der Liebende mit seiner Fülle anwesend ist.

3. DU BIST EINGELADEN – *ein Modell*

Das Geschehen des folgenden Beispiels vollzieht sich nicht in einer Versenkungsübung, sondern im gesammelten Vollzug des Lebens in einer besonderen Situation.
Du bist zum Abend bei einem jungen Ehepaar eingeladen. Du kannst hingehen, essen und mit beiden über Banalitäten reden. Du kannst es aber auch anders machen. Du beginnst schon, während du dich zu Hause umziehst, dich auf die beiden einzustellen und dich zu *fragen:* Wer sind sie? Was weiß ich von ihnen? Wie war unser letztes Gespräch? Was interessier-

te sie? Was kann ich ihnen erzählen? Auf was soll ich das Gespräch lenken? Über was werden sie gerne sprechen? Wie mache ich es, daß sie sich aussprechen, und ich schweige und höre? Was soll ich sie fragen, so daß sie mit der Antwort zur Geltung kommen oder das Gespräch sich sonst lohnt? Was ist das Besondere ihrer Weltsicht? Wie ergänzen wir uns? – Fragen solcher Art können dir durch den Sinn gehen und machen dich wach und tief für die kommende Begegnung.

Du kannst auch ihre *Ehe* vorausmeditieren. Vielleicht hast du einmal gemerkt, an welcher Stelle sie sich aneinander reiben oder gereizt werden, wo sie miteinander harmonieren oder sich langweilen. – Du denkst an ihre *Wohnung:* Was fiel dir auf, so daß du meintest, es seien schlichte oder anspruchsvolle, hilflose oder künstlerische Leute? Oder du denkst an ihre *Vorbereitung*. Die Frau freut sich, daß sie gastlich sein kann. Sie deckt gerade den Tisch, stellt den Blumenstrauß in die Vase, muß mit der Arbeit in der Küche fertigwerden bis du kommst. Das feine Zusammenpassen der Tischdecke mit dem, was auf ihr steht, hat sie für dich überlegt. Ihr Heim soll für dich wohnlich, warm, angenehm sein ...

Nun verläßt du dein Haus, und mit jedem Schritt kommst du ihnen näher, nicht nur räumlich, sondern persönlich bis in den Bereich ihres Heimes und ihrer jungen Ehe hinein. Das Gehen durch die Straßen wird ein meditativer Vorgang und verbindet sich mit dem inneren Sich-Nähern. Kommst du dann an, so bist du ganz für sie wach, ganz da, auf sie gesammelt, bereit. Es wird gewiß ein schöner Abend, wenn er so vorausmeditiert ist.

Vieles können wir so vorausmeditieren: Einen Brief, den wir schreiben müssen, die Aussprache nach einem Mißverständnis, die Begegnung mit einem geliebten Menschen, eine Verhandlung, ein pädagogisches Gespräch, einen Theaterbesuch. Oft werden wir es von selber tun. Je tiefer wir es tun, umso mehr sind wir dann anwesend, klar in uns selbst und da für den anderen.

4. ANDERE MENSCHEN

Es empfiehlt sich, alle Menschen zu meditieren, die einem nahe stehen, mit denen man oft zu tun hat. Immer geht die Bemühung darum, sie von innen her zu verstehen, angeregt durch ihre Lebensäußerungen sich in sie hineinzuversetzen, um ihrer Wirklichkeit ganz gerecht zu werden und sie wohlwollend und liebend zu entdecken. Das kritische Bedenken ihrer negativen Seiten ist auch sinnvoll, gehört aber nicht in die Meditation selbst; diese geht immer auf das Positive.

V. IM LEIBLICHEN AUSDRUCK MEDITIEREN

Die Meditation ist kein «rein geistiger» Vorgang, sondern ein menschlicher. Darum nehmen wir den Leib mit hinein, bei der Grundübung in vierfacher Weise: durch Körperhaltung, innere Versenkungshaltung (Hara), Atmen und Worte.
Meditation kann aber auch im Leibe beginnen und leibliches Geschehen als Inhalt haben. Dann trägt der Leib die Innerung, und die Innerung beseelt den Leib. Das geschieht besonders im Wahrnehmen eines leiblichen Zustandes oder in ganz langsamen, gelösten Bewegungen. Hierfür einige Modelle.

1. Ich sitze im Meditationssitz und nehme seine ruhespendende Wirkung wahr.
2. Ich nehme den Atem wahr, dieses empfangende Tun, dieses Geschehen in mir, durch mich, ohne mich ... Was enthält er als Sinnaussage?
3. Ich sitze im Meditationssitz und lege nach einer Weile meine Hände, die Innenfläche nach oben, auf meine Knie ... Was fühle ich in den Innenflächen? Was drücken solche Hände aus? Welche Sinntiefe empfange ich durch sie?
4. Ich bin im Meditationssitz und in innerer Harahaltung. Die Hände liegen, mit den Innenseiten nach unten, auf den Knien. Nun lasse ich in meinem Innern eine Bitte nach oben hin und ein Empfangenwollen aufsteigen; dann lasse ich diese Bitte langsam in meine rechte Hand und den Arm übergehen und sich darin ausdrücken ... Ist die Bewegung zur Ruhe gekommen, geschieht das Gleiche mit der linken ... Im Lauf von etwa zwei Minuten haben sich die Hände gelöst, erhoben, gedreht, geöffnet, erst die eine Hand, dann die andere, bis die ganze Geste und mein ganzes Wesen in ihr zum Bitten, Verlangen, Warten, Empfangen geworden ist.

Solche Bewegungen dürfen wir nicht *tun*, sondern müssen sie von innen her *empfangen*. Sie müssen gleichsam von selbst kommen, wie die Blätter im Frühling, als Verleiblichung innerer Vorgänge, die schon da sind.[1]

[1] Übungen empfangenden Tuns, die also im Mitvollzug innerster Impulse geschehen, sind für das ganze Leben von Bedeutung bis hin zu tieferen Gebetsstufen (vgl. Röm 8,14).

5. Ich sitze und möchte mit meinem ganzen Wesen, also auch mit meinem Leibe Verehrung, Huldigung, Geringsein, Anbetung aussprechen. Ich komme nach der Vorübung «Ich bin hier» in die rechte seelische Verfassung und warte, was sich von innen her anbahnt. Vielleicht beginnt der rechte Arm mit einer Gebärde der Ergebenheit ... (kommen lassen, zum Ausdruck werden lassen ...). Dann möchte der ganze Körper hinein. Die Schuhe sind abgelegt, langsam knie ich nieder ... setze mich auf die Fersen und verweile ... Langsam neige ich mich ... Die Hände stützen sich nach vorn ... Schließlich bin ich mit der Stirn auf der Erde ... Ganz aus dem Inneren ist dieser Ausdruck gekommen ... Jetzt lasse ich ihn in mein Inneres zurückwirken, warte, innere ihn, vollziehe ihn, verweile darin ...

6. Ich bin eine aufblühende und welkende Anemone.[2] Vorstellung: An einem Märzmorgen in einem Bachtal. Ringsum die Knospen. Ich bin eine solche ...

Ich knie im Fersensitz, die Stirn zur Erde gebeugt. Nun bin ich diese Blume, in der sich die Wachstumskräfte mächtig regen und sie aufblühen lassen (nicht etwa das Aufblühen «nachmachen»). Ich warte, bis der Auftrieb kommt. Langsam beginnt sich der Rücken zu heben ... Die Stirne verläßt die Erde ... Der Oberkörper beginnt sich aufzurichten. Arme und Hände hängen noch schlaff ... streifen beim Aufrichten über den Boden ... Das Gesicht ist wie verschlafen, ohne jede Gefaßtheit ... In langsamem Werden ist schließlich der Oberkörper aufgerichtet, die Arme hängen noch kraftlos herab ... In dieser Weise folgen: Einen Fuß vorziehen, beim anderen die Zehen auf den Boden bringen, langsam aufstehen. Die Arme beginnen sich in langsamem Vollzug mit erschlafften Händen zu erheben ... Schließlich stehen die Füße zusammen, die Arme sind nach oben ausgestreckt, die Finger gespreizt, das Gesicht strahlt der wärmenden Sonne entgegen. Das Ganze dauert drei bis fünf Minuten.

Dann beginnt das Welken und Erschlaffen. Erst im Gesicht ... Dann in den herabhängenden Händen ... dem langsamen Sinken der Arme ... Bis

[2] Diese Übung hat sich bei Meditationstagen mit höheren Schülerinnen bewährt und wird manchem auch als Einzelübung entsprechen.

schließlich die Ausgangsstellung wieder eingenommen ist. Immer den inneren Vorgang spüren und ihn sich wie von selbst durchsetzen lassen im leiblichen Ausdruck, der wiederum auf das Innere zurückwirkt. Nicht die Blume nachmachen, sondern sie sein!

7. Andere Beispiele sind mit den Themen gegeben: Sklaverei. Befreiung. Liebende Annäherung. Verzweiflung. Ich habe etwas gefunden. Dabei immer die Grundregel: Innerlich erleben, von dort die Bewegung langsam kommen lassen, in dieser mit dem ganzen Wesen sein, sich darin verströmen.

Ferner: mit leicht gespreizten Beinen stehen und das Stehen erleben, durchfühlen. Dann warten, welche Bewegungen sich melden. Diesen nachgeben. Zunächst werden es vielleicht solche sein wie Mähen oder Säen oder Spenden. Später haben sie kein Thema, werden größer, umfassender, immer zweckfrei, spielerisch, als Selbstverwirklichung, als Leben.

Möglich ist es auch, eine Schallplatte aufzulegen, am besten wohl mit einfachen Themen, vielleicht mit klassischer Kammermusik, und nach mehrmaligem Hören warten, wie sich diese Musik in uns in Tanz umsetzt und diesen Vollzügen nachgeben. Ganz leichte Bekleidung, die nirgendwo einengt, ist eine gute Voraussetzung. Das Ganze muß aus innerer Freude über solchen Ausdruck kommen in Freiheit, als Weg auch zur Selbstfindung.

VI. EXISTENZ-MEDITATIONEN

Bei Existenzmeditationen fragen wir: Wie bin ich als Mensch im Dasein und wie muß ich mich demnach verhalten und verwirklichen? Wir betrachten verschiedene Seiten unserer Existenz, suchen sie in ihrer Tiefe und Wirklichkeitsmacht zu erfassen und nehmen sie als Realitäten in unser Daseinsbewußtsein und in unser Werden.

Der Vorgang beginnt mit den kurzen Sätzen der Überschriften. Um sie mit Wirklichkeit zu füllen, suchen wir in unserm Erfahrungsbereich erlebbare Stellen, an denen sie zutreffen. Das wird ein Nachdenken, Sich-Erinnern, Entdecken und Finden sein. So umkreisen wir gleichsam den Satz in immer größer werdenden Spirallinien. Sind wir dann durch die gefundene Fülle der Wirklichkeit angerührt, so kehren wir mit ihr zur Einfachheit des Satzes zurück. Hier verweilen wir, und die eigentliche Meditation beginnt, indem wir diese Wirklichkeit in den Blick fassen und uns von ihr durchdringen lassen und darin richtiger werden. Das wird zu einem Vorgang der Reifung und Selbstverwirklichung und dient einem tieferen, volleren und wahrhaftigeren Menschsein.

Bei der Existenzmeditation können wir zu einer Erfahrung eigener Art kommen. Wir merken im Erfassen der Existenz eine andere, letzte Wirklichkeit, die wir nicht selber sind, die sich aber in unserer Existenz ankündet: in unserem Fragen nach Sinn, in unserem Erwarten und Hoffen, in unserm Verantwortungsgefühl und anderem. Wer bis in diese Tiefe kommt, öffne sich dieser letzten Wirklichkeit, verweile in ihr.

Bei den folgenden Vollzügen ist es wichtig, vom bloßen Nachdenken in die Meditation zu gelangen. Erst wer in die volle Ruhe schweigender Empfänglichkeit kommt, die Wirklichkeit auf sich wirken läßt und sich von ihr etwas sagen und sich prägen läßt, erreicht diese Wirklichkeit und wird mit ihr eins.

1. ICH BIN – ein Führungstext

Ich lege diesen Text vor mich auf den leergeräumten Tisch, decke andere Texte ab, begebe mich durch die Vorbereitungsübungen in die Haltung vollkommener Ruhe, gelöster Gegenwärtigkeit und Tiefe. Dann beginne ich zu lesen:

a. Ich finde mich vor – jetzt – hier. In diesem Raum, zu dieser Zeit, auf diesem Stuhl, vor diesem Tisch. Tatsächlich, unweigerlich: Ich bin da, ich bin. Ich finde mich einfach vor. Das ist merkwürdig! Ich kann mich sehen, greifen. Ich finde mich vor als dieser, als diese, mit diesem Namen, mit dieser meiner Geschichte, mit diesem Körper, diesem Geschlecht; sehend, hörend, atmend ... Merkwürdig, daß ich da bin. Ich kann es empfinden ... Ich bin unbedingt da. An dieser Tatsache kann ich nicht rütteln. Ich bin. Ich kann nicht aus meiner Haut. Ich kann nicht aussteigen. Selbst wenn ich mich tötete, würde das wahrscheinlich nur die Art meines Daseins ändern. Ich bin unweigerlich da – diese Unbedingtheit ist merkwürdig ... Als wenn ich gesetzt wäre: Du bist du, und nun bist du da! Woher kommt diese Wucht, diese Macht, die solche Ständigkeit meines Daseins schafft, daß ich dauernd, dauernd da bin?
Da sitze ich nun im Dasein, jetzt ... immer noch ... immer noch ... Wie in einem Zug, aus dem ich nicht aussteigen kann. Niemand hat mich je gefragt: Willst du als Mensch, als dieser, als diese einen Lebensweg beginnen, ein Menschenleben durchleben? Mein Dasein begann ohne mich, und ich finde mich vor. Wer verfügt denn derart total über mich? Ich könnte mich empören! – Aber wie sollte ich gefragt werden, bevor ich da war? Das ginge gar nicht. Daß ich einfach da bin, ist sehr rätselhaft... Jedenfalls muß ich mich damit abfinden, daß über mein Dasein verfügt ist. Was steht dahinter?
Oder ist es nicht ganz natürlich, daß ich da bin? Es hat seine biologischen Gründe. – Und daß meine Eltern sich kennengelernt haben. – So geht die Kette weiter bis zu den ersten Lebewesen auf Erden. Aber genügt das? Bin ich nicht angezielt? So wie das fertige Auto, das aus der Fabrik

kommt? Es hat vielfache Ursachen, aber es ist gewollt, gezielt. Darum ist es da. So und als dieses. Und ich? Ungezählte Ursachen mußten wirken, bis ich mit all dem, was zu mir gehört, da war, da bin. Ich bin gezielt, gewollt. Ich merke es. Wer will mich? Mich, daß ich da bin und so bin und so im Dasein bleibe? Wer bejaht mich so total, daß ich, ohne etwas zu tun, ohne Anstrengung, da bin? Irgendwoher muß ich *total bejaht* sein. Das ist ja toll! –

b. *Ich bin nicht von selbst da. Aber ich kann auch nicht ziellos und sinnlos da sein.* So etwas wie ich hier wird doch nicht vergeblich angezielt, gewollt, bejaht ... Woraufhin bin ich da? Wohin ist mein Wesen, mein Werden unterwegs? Wohin fährt der Zug, in dem ich sitze, aus dem ich nicht aussteigen kann? ... Was bietet sich mir als Sinn des Daseins an? Als Ziel dieser Reise? ... Nun, ich kann vieles anzielen und tun: Sehen, gehen, greifen ... Aber es muß einen Sinn haben. Was hat einen Sinn? Ich kann arbeiten ... helfen ... einen Beruf ausfüllen ... für andere da sein ... Da tauchen Ziele auf. Sie haben einen Sinn ...

Aber sind das nicht alles doch nur Sinnstücke, Sinnfetzen, immer nur etwas? Wie ist das Ganze, für das ich da bin? Was ist das? ... Ist es die Menschheit? Aber ich erreiche sie nicht. Ich erreiche nur einzelne. Bin ich nur auf sie hin? Zielt diese Ganzheit, die ich bin, als die ich mich erlebe, alles, was ich in mir als Möglichkeit trage, zielt das nur auf diese einzelnen? ... Das geht nicht auf! Ich komme mit meinem ganzen Wesen gar nicht bei ihnen an. Nur mit etwas, mit einzelnen Handlungen ... Und mit dem, was sie von mir wahrnehmen ... Wie wenig nehmen sie wahr! ... Wie wenig von mir wird bei ihnen aufgefangen ... Und ich falle ihnen ja auch zur Last. Ich bin ja gar nicht nur auf sie hin, daß sie mein volles Ziel wären! – Was ist der Sinn meiner Ganzheit? Wohin geht dieses «Ich bin da?» ...

Ich merke: Überall suche und finde ich Sinnfetzen, Stücke, aber nicht den ganzen Sinn für mein Dasein. Das, worauf ich angelegt bin, was von meinem Wesen, ob ich es will oder nicht, angezielt wird, was meinen Sinn, meinen Daseinssinn ausmacht, das ist kein Fetzen, das ist ein Ganzes ... Das taucht nur an den verschiedenen Stellen irgendwie auf. Das liegt dahinter. Hinter allem Teilsinn ist eine Tiefe, ein Allsinn, ein Geheimnis, in dem aller Sinn zusammenströmt ...

Ja, darauf geht mein Wesen zu. Das sucht es. Das lockt mich in den einzelnen Zielen, in dem einzelnen Sinn, der mich immer wieder anzieht, der ein wenig erfüllt und dann ausgeschöpft ist ... oder mich enttäuscht ... oder vorüber und verloren geht und mich weitersuchen läßt ...

Jetzt merke ich es: Das Sinnziel meines Daseins liegt nicht im ständig Neuen, in der Menge, der Zahl. Auch eine unendliche Zahl von Sinnstücken kann nicht mein eigentlicher Sinn sein, mein Ziel. Kann mich nicht sättigen. Ich darf nicht horizontal suchen, ich muß mich einer Tiefe öffnen ... Hinter allem Sinn, den ich für mein Dasein im einzelnen finde, liegt der Ursinn, das Urgeheimnis, in dem aller Sinn zusammenströmt ... Aus dem aller Einzelsinn hervorkommt, mir begegnet ... Auf dieses Geheimnis hin bin ich angelegt. Daraufhin muß mein Dasein unterwegs sein ... Erst wenn ich dort angekommen bin, wird mein Leben von Sinnlosigkeit frei. Dort finde ich Erfüllung, Ruhe, Heil ...

2. *ICH BIN BESCHENKT – eine Anleitung*

Zur Auswahl, zum Teil zur selbständigen Vorbereitung, seien einige Möglichkeiten genannt.

a. *Ich sehe*. Ich erfahre es. Es funktioniert. Jetzt im Augenblick kommen ständig Wirklichkeiten in mich hinein; bald auch andere Dinge, Vorgänge, Menschen ... Ich erlebe es, verkoste es. All das geschieht mühelos, von selbst, ist eingerichtet ... mir geschenkt ... Ich erfahre es, verweile darin ... bin beglückt von dieser wunderbaren Gabe, die ich unverdient besitze ... Manche andere haben sie nicht ... Es ist unbeschreiblich, was ich alles sehen kann, was in mich hineinkommt, hineingekommen ist ... Ich bin nicht von den Dingen isoliert ... habe strömenden Kontakt mit der Welt um mich ...

b. In ähnlicher Weise erfahre ich das Beschenktwerden im *Hören* ... *Atmen* ... *Gehen* ... (S. 41-43)

c. Ich innere meinen *Körper* und meine *geistigen Fähigkeiten*, die mir geschenkt sind. Ich beginne bei den Augen, gehe zu Ohren … Nase … Mund … Händen … Füßen … dann zum Denken, Sich-Entschließen, Wollen, Durchhalten, Fühlen, Sich-Erinnern … – Möglichst lange beim einzelnen verweilen und es intensiv erfahren, seine Wirklichkeit, seinen Charakter als Geschenk. Das Wiederholungswort «nicht von mir» kann den Vorgang begleiten.

d. Sich selbst *in Ganzheit* als zusammengeschenkte Einheit erfahren …

e. In die *Natur* blicken: im Garten, auf einem Obstmarkt, im Wald, von einem Aussichtspunkt aus … das Gesehene als Geschenk erfahren.

f. Einzelnes aus unserem *Eigentum* als Geschenk erkennen und verkosten …

g. Alle *Menschen*, die uns schätzen, anerkennen und lieben, als Geschenk erfahren …

3. ICH BIN ENTWORFEN – *eine Anleitung*

Am einfachsten erfasse ich es darin, daß ich als Mann oder Frau entworfen bin. Ich kann nichts tun, als diesen Entwurf annehmen, hineinschlüpfen, ihn verwirklichen, wahrhaft und voll Mann oder Frau werden. Sonst würde ich eine Mißgestalt, würde krank oder wahnsinnig. Merkwürdig, daß ich entworfen bin, als Mann, als Frau …

Ich sammle weitere Seiten, an denen deutlich wird, daß ich entworfen bin: zum Sehen, Gehen, Gestalten, Zusammenleben … All das ist nicht von mir. Ein merkwürdiges Gefühl: Entworfensein. Dieses wäre an den einzelnen Gegebenheiten intensiv zu erfahren. Dann offenbart es seine Tiefe. Läßt ein Letztes spüren …

4. ICH STEHE GESTALTEN UND SINNSTRUKTUREN GEGENÜBER – *eine Anleitung*

Ich suche und betrachte einige Beispiele aus der Welt der Pflanzen, der Tiere, der anorganischen Welt bis zu den Molekülen und Atomen. Auch der

Mensch gehört dazu ... Ich fasse in den Blick, wie sie fertig sind, gestaltet, als solche da sind ...
Vielleicht werden sie als gestaltet transparent für etwas Tieferes, das gestaltet hat oder gestaltet. Wie ein Gemälde für uns transparent ist für den Maler. Vor welche gestaltenden Kräfte, vor welche Gestaltungsmacht gelange ich da?

5. ICH LEBE STÄNDIG IN EINER ALLES DURCHDRINGENDEN UNTERORDNUNG – eine Anleitung

Keinen Nagel kann ich einschlagen, ohne mich den vielfältigen Gesetzen des Vorgangs unterzuordnen. Handwerker, Techniker, Mathematiker, Künstler müssen ständig gehorchen. Sonst klemmt der Schrank, bricht der Propeller ab, stimmt die Rechnung nicht, wird das Kunstwerk belächelt. Jeder Mensch *muß* essen, greifen, die Beine gebrauchen, die Augen, die Ohren, muß sich regen, die Kräfte anspannen ...
Ich versuche, dieses totale Angewiesensein auf Gehorsam zu erfassen, indem ich einen Tag meines gegenwärtigen Lebens durchgehe und nach möglichst deutlichen Punkten suche. Dann lasse ich mich von dieser Daseinsbefindlichkeit anrühren, daß ich in absolut Vorgegebenem existiere, das mich allumfassend umgibt und worin ich nur frei werden kann, indem ich ihm gehorche. Ist darin nicht ein Geheimnis?

6. ICH EXISTIERE VERBUNDEN MIT ANDEREN – ein Führungstext für mehrere Tage

In der folgenden Übung beschäftigen wir uns mit einer kaum überblickbaren Daseinsbefindlichkeit. Der eigentlichen Meditation muß ein genügend breites Wahrnehmen und Erfassen vorausgehen. Der Übende muß dann selbständig die Punkte merken, die für ihn wichtig sind, in die er sich versenken kann.
a. Ich existiere unter anderen. Dies bildet ein Fundament, für das vielleicht eine Ganzwahrnehmung genügt ...

b. Von anderen und durch andere. Ich habe mir mein Dasein nicht geschenkt. Mein Leben kommt von den Eltern … den Ahnen …
Mein Weiterleben hängt an zahllosen Diensten anderer: Kleidung, Wohnung, Nahrung …
Mein Wissen: Was ist darin nicht von mir? …
Meine Personstruktur, die vom Anerkannt- und Angenommenwerden durch andere, aber auch von deren Rat, Kritik und Widerstand abhängt und so geworden ist …
Der innere Blick erfaßt diese zusammengeflossene Ganzheit der Person, in die so viel vom Leben anderer eingegangen ist … Ferner diesen ständigen Einfluß auf mich durch das Verhalten anderer, das Klima, das sie verbreiten, das mein Leben fördert oder hindert …
c. Für andere. Mein Leben ist auch auf andere gerichtet … Darin erfüllt es sich besonders … Leben andere durch mich? Ich lebe nicht wie ein Baum, der nur aus der eigenen Mitte sich entfaltet, sondern bin eher wie eine Brücke, auf andere hin und für sie daseiend. Welche Menschen sind das? … Dieses «für andere» suche ich in meinem Lebensvollzug, in meiner Personstruktur zu erfassen.
d. In anderen. Ich bin in jenen, die an mich denken, mich bejahen, innerlich mittragen, mich lieben, denen durch meinen Tod etwas genommen würde, in denen ich existiere … Dieses versuche ich zu schauen.
Mein Wesen hört nicht mit der Haut auf. Ich bin durchwachsen, durchströmt vom Leben anderer und zugleich ausströmend auf sie … Welche unüberschaubare Fülle der Beziehungen, in denen ich mit anderen verbunden bin, existiere, mich verwirkliche …

7. ICH BIN IN EINEM WERDEPROZESS – *eine Anleitung*

Aus was bin ich geworden? Das erste Leben auf Erden … Die ungezählten Millionen von Lebewesen vor der Menschheit … Die Menschen, die zu meinem Dasein beigetragen haben: zwei Eltern, vier Großeltern, acht Urgroßeltern … All das hat sich auf mich hin entwickelt und ich bin da. Toll!

Wohin werde ich? Auf mancherlei Ziele ... Wohin aber ist meine eigentliche Werdelinie gerichtet? Mein Wesen als Mensch? ... Kann ich mein Wesen verfehlen, nur halb erreichen? ... Komme ich, wie ich jetzt lebe, zur Selbstentfaltung? Oder bin ich auf Größeres angelegt? Auf andere? Oder ist das Geheimnis größer? Werde ich hin auf ein letztes Gegenüber? Es käme bei der Meditation darauf an, den eigenen Werdeprozeß gleichsam ins Bewußtsein zu bekommen, sich als Werdenden, als einen, der unterwegs ist im Werden, zu erfahren; und dann zu ertasten: Wohin wird dieses Wesen?

8. ICH BIN ANGEFORDERT – ein Führungstext

Der folgende Text führt in einem längeren Aufstieg zur Meditation: Erinnerung, Überlegung, neues Erfahren des Gewissenszuges. Dann erst ist ein Stück der eigenen Wirklichkeit erfaßt, die Gegenstand der Meditation werden kann.

Ich suche Beispiele, in denen sich ein Mensch angefordert fühlte, ohne daß Gesetze oder Befehle vorlagen. Etwa eine Mutter von ihrem kranken Kind. Oder dieses: Ein Professor für Mathematik und Versicherungswesen hörte von den etwas hilflosen Versuchen einiger Entwicklungsländer, eine Sozialversicherung aufzubauen. Er fühlte sich trotz seiner Berufsstellung davon angerufen, angefordert, verpflichtet. Er gewann seine Frau für diesen Plan, die trotz aller Bedenken wegen der wachsenden Familie zustimmte; er gab seine Stellung auf und ging um zu helfen. Kein Mensch hatte ihn gerufen. Er bot sich an und wurde dann gebeten zu kommen.

Was hat ihn angefordert? Das Leben? Was heißt das hier? ... Die Umstände? Wieso haben sie ein solches Verfügungsrecht über den weit entfernten Mann, daß er so viel aufgibt, ändert, einsetzt? ...

Nun suche ich in meinem Leben ein Beispiel, das dem genannten Fall ähnlich ist; wo ich mich einfach verpflichtet fühlte ... Was forderte mich an? Ein Mensch? Eine Berufsaufgabe, eine Situation, von der ich hörte? ... Ich gehe nochmals in dieses Erlebnis hinein. Ich fühle den inneren

Zug noch einmal, der mich damals in Bewegung brachte. Diese tiefe, zarte, und doch so kraftvoll gebietende Macht, die sich in mir, in meinem Gewissen anmeldete und sich auch jetzt manchmal anmeldet, zieht, keine Ruhe läßt ...

Die Macht ist so gebieterisch, daß sie fordert. Ich habe nicht das Recht, gegen sie zu handeln ... Merkwürdig: Ich habe nicht das Recht, einfach willkürlich über mich zu verfügen. Wie kommt das? Ist es so, daß mein Recht Grenzen hat, weil neben mir das Recht eines Mitmenschen steht? ... Das wohl auch. Aber durch alles Feststellbare ruft eine andere Macht, die mich so mächtig anfordert. Ich fühle gleichsam die Stelle in mir, wo der Zug, die Forderung ansetzt ...

Ich erfahre mich als ein Wesen, das angefordert ist. Ich bin für etwas da ... Merkwürdig: Ich weiß noch nicht, für was alles. Aber jedenfalls bin ich nicht nur für mich da. Mehr: Nicht vor allem für mich. Das ist erstaunlich! Für was bin ich da? ...

Ich fühle, daß ich etwas in mir habe, was dieser fordernden Macht des Guten entspricht: Einen Hunger nach Einsatz, nach Wert ... Sonst fühle ich mich hohl, leer, wertlos, meiner selbst überdrüssig. Das kenne ich. Ich erinnere mich ...

Ich bin ein Wesen, das für etwas da ist. Für was? Für vieles! Nur für einzelnes? Das einzelne, der einzelne hat kein totales Recht über mich. Niemand kann mich so anfordern, daß ich alles einsetzen muß; daß für mich alles daran hängt, der Forderung zu folgen ...

Jetzt wird etwas deutlich: Alles einzelne ist durchlässig für eine große umfassende Macht, die sich durch das einzelne bei mir anmeldet und mich anfordert. Die in allem Guten ist ... Und die alles in mir anfordert, den ganzen Menschen, mich selbst bis zum Innersten; der ich einfach gehören muß ... Die mich aber auch innerlich erfüllt; die mir Frische gibt, Bestätigung, Mut, Erhöhung, wenn ich ihr folge; die mich tief glücklich macht in allem Mühseligen ...

Ich öffne mich dieser Macht, neige mich vor ihr. Ich verlange, daß sie eindringt ...

9. ICH BIN AUF EIN DU ANGELEGT – ein Führungstest

Ich suche, wo ich diese Aussage im Leben anderer oder in meinem als Wirklichkeit finde ...
Nach den ersten Monaten meines Lebens habe ich wohl, wie jedes Kind, zum erstenmal gelächelt. Das kam nicht von selbst aus mir. Die Mutter nahm mich in die Hände, auf den Arm, liebkoste mich, lächelte mich an, und ich antwortete ...
Immer mehr verlangte ich, bei der Mutter zu sein. Kinder rufen und weinen nach ihr, damit sie komme und bei ihnen sei ...
Später kam der Vater in meinen Gesichtskreis. Er erfüllte mich auf andere Weise. Dann kamen Kinder in den Blick, die Geschwister und die Nachbarskinder. In ihnen begegnete mir immer ein anderes Du. Es war mir in manchem näher als die Eltern, ähnlicher, angepaßter, aber es umfing mich nicht so ...
Das Du der beiden Eltern blieb. Es war immer wieder Erfüllung. Aber es hatte seine deutlichen Grenzen. Die Eltern konnten mir bald nicht mehr alles bedeuten. Mein Wesen suchte nach einem näheren Du ...
Ich habe manchmal nach Freundschaft gesucht. Erzählen dürfen, gehört werden, Antwort bekommen, verstanden und angenommen sein, alles auf gleicher Ebene, nach so etwas verlangte ich. Ich erinnere mich an meine Freundschaften ... an meine erste Liebe . . Neue Erfüllung. Vielleicht auch Enttäuschung. Beides will ich mir lebendig vergegenwärtigen ...
Vielleicht sehne ich mich auch jetzt nach Freundschaft. Was suche ich eigentlich? Was soll dieses Du, dieses Gegenüber mir geben? ...
(Wer die Erfahrung einer großen Liebe gemacht hat: Was war in diesen Stunden so groß? Dieses Verstandensein, Angenommensein, Des-anderen-gewiß-Sein, Sich-Überschreiten, Im-anderen-aufgehoben-Sein, In-ihm-Sein und Ihn-in-sich-Haben: wie geheimnisvoll ist das.)
Und dann wohl immer wieder die Erfahrung der Grenze: Ganz kann der andere mich nicht verstehen, nicht ganz um meinetwillen mich lieben, nicht ganz mich aufnehmen ... immer bleibt der Rest des Nicht-Verste-

hens, des Anders-Seins, eine Grenze ... Mein Ganzes kann der andere nicht begreifen, umfassen, anerkennen, bestätigen, wecken, lieben, heilen. In der Liebe ist der Schmerz der Begrenzung. Warum? ... Die Liebe verlangt nach Einheit und bekommt sie nie ganz ... Wohin will sie? Was will sie? Auf was ist sie angelegt?

In einem der Dramen von Paul Claudel spricht die Frau dem Mann gegenüber das Geheimnis aus: «Ich bin ein Versprechen, das sich nicht erfüllt, aber gerade darin liegt meine Gnade». Das ist es. Wenn ich liebe, verlange ich, was mir angemessen ist. Das ist offenbar etwas Unbegrenztes, was also ein Mensch nicht erfüllen kann. Der Partner ruft das Verlangen wach, aber kann es nicht erfüllen. Merkwürdig! Wohin geht diese Lebensbewegung? Ich lasse ihr einmal Lauf ... Vielleicht findet sie ihr Ziel, wie ein Pferd instinktsicher zu seinem Stall findet ... Wohin willst du, Herz, Liebe? ... Alles, was du dir ausdenkst, sättigt dich nicht ...

«Darin liegt meine Gnade», daß ich wecke und nicht erfülle. Daß ich dich wachmache für dein Eigentlichstes, aber dich erleben lasse, daß ich nicht dein Eigentlichstes bin; daß ich dir dann nicht im Wege stehe, durchsichtig werde, mich überschreiten lasse. Das ist meine Gnade ...

Ich ahne ein Du, das mir wahrhaft entspricht. Auf das ich angelegt bin. Auf das ich letztlich immer unterwegs war, wenn ich nach Freundschaft und Liebe suchte. Ein Du, das mich *ganz* versteht, *ganz* annimmt und bejaht, *ganz* birgt, *ganz* diesen unersättlichen, unstillbaren Hunger nach Liebe stillt, der immer zu kurz kommt, enttäuscht wird, sich wundstößt, mit halben und Viertellösungen zufrieden sein muß. Oh, ich verstehe die Liebe, die bei vielen herumflattert. Ein Du genügt nicht, aber zwei Du schneiden uns mitten entzwei.

In allem meldet sich ein großes Du an. Wenn ich meinem Wesen Raum gebe, wenn ich ihm erlaube, zu sein, was es ist, dann bin ich das Gegenstück zu diesem großen Du, das Nähe schenkt ohne Zwischenwand von Leib und Haut, von Unachtsamkeit und Mißverstehen; das umfängt, ohne daß etwas nicht-umfangen bleibt; das bejaht, ohne etwas von meinem wahren Wesen zu verneinen; das annimmt, ohne etwas von mir zurückzustoßen; das zu lieben hilft, wo ich nicht kann; das mich anfordert in meinem Besten, nichts von mir liegen läßt und gerade darin höchste Liebe zeigt. ... Das liebt, wenn ich vergesse oder ermatte und absinke. Das sich vor mir nicht ekelt, wenn ich mich vor mir ekle; das nicht etwas an mir liebt, sondern mich liebt; das mich, der ich nur teilweise bin, ergänzt; das mich in allem überragt und mich an diesem seinem mich an allen Stellen überragenden Wesen teilnehmen läßt. Danach dürste ich. Das alleine kann mich sättigen, wenn ich mich nehme, wie ich bin ... Darauf, das merke ich, bin ich vom Wesen her angelegt, wenn ich mich nicht selbst übergehe, überschätze, verzeichne, verstümmle ..., wenn ich kein Torso bleiben will. Wenn ich wahrhaft ich selber sein will, muß ich zu diesem alles umfassenden Du gehen, das mich alleine sättigen kann ...

10. ICH LEBE ZWISCHEN HOFFNUNG UND ENTTÄUSCHUNG – eine Anleitung

Zunächst will ich wahrnehmen, wie ich immer auf etwas zugehe, immer etwas erwarte. Ich sammle: der nächste Tag, das nächste Tun, die nächste Begegnung ... Dabei kann ich merken: immer ist etwas im Erwarteten, das erfüllt ... Ich hoffe auf Größeres: auf eine Reise, einen Erfolg, eine Beförderung, eine Freundschaft, eine Liebe. ... Dieses im eigenen Leben wahrnehmen, diese Gespanntheit auf Erwartetes ...

Ich beobachte den Verlauf: Hoffen, Erwarten, Erreichen, Haben, Zergehen, von neuem Hoffen. Oder: Nichterreichen, Enttäuschtwerden, etwas anderes Erhoffen ...

Wohin geht die Hoffnungsbewegung meines Lebens, meines Wesens? Nur auf einzelnes, das oft nicht erreicht wird und, wenn es da ist, nicht dauernd erfüllt? Ich lasse die eigentliche, die große Hoffnung in mir heraufkommen. Beobachte sie. Frage sie, wohin sie will. Bliebe ich mit ihr am einzelnen stehen – das wäre Resignation, Selbstverstümmelung. Es kann sein, daß alles Erhoffte transparent wird für das dahinterstehende, allsättigende Geheimnis, das sich in allem einzelnen kundtut ...[3]

[3] Vgl. 127 ff

VII. UNSER DASEIN, OFFEN FÜR GOTT –
Anweisung und Materialangebot

Im Menschen ruht die Verheißung eines unergründlichen Geheimnisses. Bei allen Existenzmeditationen kommt es darauf an, daß der Mensch vor sein eigentliches Wesen gerät und damit vor dieses Geheimnis, in dem er wurzelt.
Indem der Meditierende nun die Anwesenheit dieses Geheimnisses erfaßt, lernt er sein wahres Leben zu leben, das in so vielfacher Beziehung zu diesem Geheimnis steht. Damit öffnet sich ihm zugleich ein wesentlicher Zugang zu der Enthüllung dieses Geheimnisses, die in Jesus Christus, in seinem Wort und Leben, geschehen ist, der uns Botschaft von dem lebendigen Gott gebracht hat.
In der folgenden Zusammenstellung wird auf Existenzbefindlichkeiten aufmerksam gemacht und zugleich darauf hingewiesen, als was sich das Geheimnis in unserem Dasein kundtut. Die einzelnen Aussagen verlangen selbständige Vorbereitung nach Art der bis jetzt gegebenen Modelle.
Die Aussagen können vom Christen auch als Glaubensmeditation vollzogen werden. Damit bekommt sein Gottesverhältnis Erfahrungsfülle und seine Existenz wird vom Lichte der Offenbarung erhellt.

Ich bin ein Fragender, der über sich hinausfragt.	Der umfassende Sinn, die Gesamtantwort, die sich in jeder Teilantwort kundtut.
Ich bin ein Suchender, der nach dem sucht, was gilt.	Der umfassende Wert, der in allem Geltenden und Werthaltigen aufleuchtet.
Ich bin ein Denkender, der eine Art Endlosigkeit im Blick hat und immer weiter denkt.	Die Endlosigkeit, die die Voraussetzung für ein solches Denken ist.
Ich möchte vertrauen.	Jene Wirklichkeit, der mein Urvertrauen zuströmt und die mich letztlich vertrauen läßt.

Ich bin ein Wesen voller Sehnsüchte; ich erfahre sie als ein Angelegtsein auf etwas, was sich nicht in der Erfahrungswelt zeigt.

Das, worauf die Sehnsüchte letztlich gehen; was durch alle Teilerfüllung hindurchkommt; was in aller Teilerfüllung unerfüllt oder enttäuscht sein läßt; was alle Sehnsucht auffängt und erfüllt.

Ich habe eine tiefe Wesensunruhe in mir.

Was mein Wesen zur wahren Ruhe kommen läßt.

Ich erfahre mich in Augenblicken großer Liebe über den geliebten Menschen hinausgewiesen auf etwas, was die Größe meiner Liebe auffängt, was mich sättigen kann.

Die Wirklichkeit, die im Aufbruch großer Liebe durch den Geliebten hindurch als das letzte Ziel der Liebe aufleuchtet.

Neben dem Positiven, durch das hindurch «das Ganze» oder «das Alles» erfahren wird, steht der Mensch Grenzen, Ausfällen und drohenden, verneinenden Mächten gegenüber, die ihm ebenfalls Tor zum letzten Geheimnis werden können.

Ich bin ungesichert, ausgeliefert.

Das, worin ich auch dann gesichert bin, wenn alles Vordergründige ausfällt.

Ich kenne die Angst; nicht die Furcht vor diesem oder jenem, sondern die Daseinsangst, der es vor dem Nichts graut oder vor der immer neuen Enttäuschung durch die Begrenztheit der einzelnen Dinge.

Die Wirklichkeit, die das Gegenteil des Nichts, die das Alles ist.

Ich kann vereinsamt sein, auch mitten unter Menschen; ich existiere in einer letzten Einsamkeit.

Die Macht, die in allen Lagen meine Vereinsamung aufhebt; die im Innersten meines Inneren bei mir ist und durch ihre Nähe «Trost» verleiht.

Ich kann vor Sinnlosigkeit und Leere stehen.	Das, was auch in absurden Situationen, wenn ich sie annehme, als letzter, dahinterliegender Sinn hervortritt.
Ich kann in Schuld und Selbstverurteilung fallen.	Das, was mich noch in Schuld bejaht und was Rückkehr und Neuwerden ermöglicht.
Gerade in äußersten Verneinungssituationen kann der Mensch seine Bewährung und Größe finden.	Das, worin der Mensch verwurzelt ist und was bleibt, wenn alles andere genommen wird.
In selbstloser, erfolgloser Tat kann ich Sinn, ja meine Größe finden.	Der, der im Selbstaufgeben für mich eintritt, der mich im Preisgeben auffängt, der in der selbstlosen Tat als Sinn aufleuchtet, den ich darin letztlich erreiche.

Alle Existenzmeditationen kann der glaubende Christ in dem Satz des Augustinus zusammenfassen: «Du hast uns, o Gott, auf dich hin geschaffen, und unruhig ist unser Herz, bis es ruht in dir.»[4]

[4] Ausführlicher in FzM 245–248

VIII. VERTIEFUNG DER GRUNDÜBUNG

1. Loslassen: Wir wollen alles loslassen, was unserem wahren Wesen entgegensteht, vor allem jenes «Welt-Ich», das sich im Daseinskampf herausgebildet und das «Wesen-Ich» verfälscht hat. Dazu gehören: Schutz- und Abwehrhaltungen, Ängste, Minderwertigkeitsgefühle, Selbstverteidigung, Masken, falsch übernommene Rollen, Ehrgeiz, Geltungsdrang, Selbstbehauptung, Sich-Darstellen, Etwas-bedeuten-Wollen, unkontrollierte Affekte, Aggressionen, auch sittliche Fehlhaltungen wie Unwahrhaftigkeit, Lieblosigkeit.

Sich loslassen bereitet dafür, von der Enge des kleinen Ich frei zu werden, das Dasein anzunehmen, Gott zuzulassen.

Im Loslassen spricht sich unbewußt ein Urvertrauen aus. Es setzt sich fort bis zum Loslassen des Leistungsdenkens vor Gott und aller Angsthaltungen ihm gegenüber. Es eröffnet den Weg zum Gottvertrauen, ja zu einem restlosen Sich-Preisgeben an ihn.

2. Niederlassen: Das bedeutet, sich auf den Weg machen zum Eigentlichen. Hingehen in den Wesensgrund, sich begeben in den Strahlungsbereich des Letzten und sich davon durchformen lassen. Sich anvertrauen dem Ursprünglichen, vom Schöpfer Gewollten.

Noch tiefer geht die Bewegung. Da der eigene Grund getragen und durchlebt ist vom allumfassenden Sein, bedeutet das Niederlassen zugleich das Sich-Hineinbewegen in den letzten Grund, sich anvertrauen, um sich dort zu verwurzeln.

3. Einswerden: Eine vielfache Bedeutung birgt dieses Wort. Der Mensch kann «außer sich sein» und «zu sich kommen». Er kann «zerrissen» sein und «mit sich einig» werden. So spricht schon die Umgangssprache.

Körperliches und Geistiges können auseinanderfallen. In der Grundübung kommt der Mensch in einem leib-seelischen Geschehen zur Einheit. Mehr noch: Das Ich, die steuernde, entscheidende, obere Instanz unseres Wesens soll mit dem wahren Wesen eins werden. Das Ich taucht in das Selbst ein, Animus und Anima werden einig. Unser wahres Wesensbild, das sich oft nur so zart meldet und durch die Widrigkeiten des Lebens so oft verdrängt und verunstaltet ist, darf sich nun durchsetzen. Wir werden eins mit den Lebensquellen, die auf dem Grund unseres Wesens sprudeln.

Einswerden bedeutet letztlich: Einswerden mit dem Geheimnis, das die Christen Gott nennen; mit dem Absoluten, das sich als Heiligkeit und Liebe in Christus kundgetan hat; sich durchdringen lassen von seinem Geist, der in unser Innerstes gegeben ist, und so immer mehr umgewandelt zu werden in die «Bildgestalt seines Sohnes» (Röm 8,29).

4. Neuwerden: Aus diesem Grunde steigen wir erneuert auf. Das Rad der Verwandlung, auf dem wir von oben nach unten geschwungen sind und das in seinem Tiefpunkt ein wenig geruht hat, dreht sich nun weiter, hebt uns hinauf in neuer Jugendlichkeit, Verwurzelung und Einheit. Bis wir wieder in die nächste Umdrehung einschwingen, von neuem loslassen, von neuem uns niederlassen und in das Einswerden und Neuwerden eintauchen.

Von der Wirkung der Grundübung[5]

1. Sie befreit die Kräfte der Tiefe und läßt sie zur Wirkung kommen.
2. Sie löst aus Enge und Ichsucht.
3. Es entfaltet sich das Organ für tiefe Dinge.
4. Der Mensch kommt in die Grundbewegung allen religiösen Lebens.
5. Immer mehr nähern wir uns in dieser Übung unserem Seelengrund.
6. Die Dynamik unseres Seelengrundes auf sein letztes Ziel wird frei.[6]

[5] Ausführlicher in FzM 255–256.
[6] Eine weitere Vertiefung in diesem Buch S. 132–136.

DRITTER HAUPTTEIL

MEDITATIONEN DES GLAUBENDEN CHRISTEN

I. EINFÜHRUNG

Wenn ein Christ meditiert, wird die naturale Meditation oft vom Glauben durchleuchtet werden. Er sieht zum Beispiel in der Natur die Schöpfung und darin den Schöpfer oder im Mitmenschen den Nächsten und den Bruder Christi.
Obwohl sich beide Arten oft durchdringen, unterscheiden sie sich doch. Während die naturale Meditation jedem Menschen möglich ist, kann die Glaubensmeditation nur vom glaubenden Christen vollzogen werden.
Wer als Christ meditiert, weiß aus der frohen Botschaft, daß Gott ihn sucht und liebt; daß Gott Liebe ist und daß es unser Ziel ist, in die Liebe Gottes hineinzuwachsen, mit ihm zu leben und immer mehr mit ihm eins zu werden. Auf dem Wege dorthin will er vor allem erfassen und hineingelangen in «die Länge und Breite, die Höhe und Tiefe» des Heilswerkes Gottes, in dem Gott alle Menschen in Christus mit sich vereinen will. Er will «erkennen die alles Erkennen übersteigende Liebe Christi» und «so mit der ganzen Fülle Gottes erfüllt werden» (Eph 3, 18–19). Bei allem Versagen wird ihn das Wort trösten: «Die Liebe wird ihren Weg finden», seine Liebe zu Gott und Gottes Liebe zu ihm.
Auf diesem Wege werden ihm folgende Regeln helfen:

1. Die naturalen Meditationen des ersten und zweiten Hauptteils nicht gering schätzen. Sie gehen von den konkret erfahrbaren Wirklichkeiten aus, in die Gott unser Dasein gestellt hat, und führen zu einem volleren, tieferen und richtigeren Menschsein, das für Gott immer empfänglicher wird. Oft gehen sie in Glaubensmeditationen über.

2. Immer die Grundübung beibehalten. Sie führt in einzigartiger Weise und unmittelbar in jene Tiefen, in denen Meditation geschieht. Damit eröffnet sie eine Welt inneren Lebens. Wird sie christlich vertieft, will sie hinab in «den Geist seines Sohnes», der in uns ist, so führt sie zu immer tieferer

Einheit mit Gott. Wir werden sie abwechselnd mit biblischen Textmeditationen und anderen gebrauchen.

3. Um in die Tiefe eines Gotteswortes einzudringen und es in uns wirken zu lassen, wird oft der Vollzug der «*Schalenbewegung*» der richtige Weg sein: den Stoff zunächst außen und in seiner Oberfläche zu betrachten und dann stufenweise nach innen und unten, in seine Mitte und Tiefe vorzudringen, um dann schließlich in der Tiefenmitte regungslos zu verweilen.[1] Oft geht also der Weg *von der Betrachtung zur Meditation*, vom liebenden Hören, Bedenken, Untersuchen, Vergleichen, Eindringen und Anwenden, wobei der Mensch mehr aktiv ist, zum Staunen, Angerührtwerden, Ergriffenwerden, Verweilen, Sich-Durchdringen oder Sich-durchleuchten-Lassen, wobei der Mensch mehr empfangend ist, während die Wirklichkeit und darin Gott und sein Geist mehr und mehr aktiv sind. Zwar sind beide Vorgänge verschieden, doch gehen sie oft ineinander über, wechseln sich ab oder durchdringen sich. Dabei gilt auch: wenn dich etwas anrührt, bleibe dabei, so lange es dich nährt.

4. Stellen sich bei der Meditation einzelne Worte oder kleine Sätze ein, die sich leicht wiederholen lassen, so sollen wir sie nicht verdrängen, sondern sie lieber benutzen und wiederholen, um so die Wirklichkeit, in deren Anblick sie sich eingestellt haben, gegenwärtig zu halten, mit ihr verbunden zu bleiben, mit ihr eins zu werden.

5. Für das Reifen der christlichen Glaubensmeditation sind die *Bekehrungen und Läuterungen*, die das Evangelium fordert, unentbehrlich. Sie stellen sich im Meditieren oft wie von selbst ein. Folgende Sätze können helfen, sie zu erfassen und zu verwirklichen:
Gott zum Architekten des eigenen Lebens machen, der plant und entwirft, dem wir uns einordnen.
Sich ganz unter die Führung Gottes stellen.
Gottes Willen als den letzten Wert betrachten.

[1] Vgl. S. 17.

Sich Gottes Denkweise zu eigen machen und seine Absichten und Wünsche zu erkennen und zu erfüllen suchen.
Nicht *vor* Gott gut sein wollen, sondern vor ihm arm werden und *mit* ihm und *durch* ihn gut werden.
Nicht sich als geschlossene Person ihm übergeben, sondern seinem Geist jedes Recht der Gestaltung in unserem Innern einräumen.
Die Stufen der Nächstenliebe verwirklichen[2], besonders sich die Interessen der anderen zu eigen machen; und alles tun, um Zwietracht zu überwinden, zur Versöhnung zu kommen und vergeben.
An Gottes suchende, erbarmende, stets bereite Liebe glauben.
Sich der absoluten Liebe ohne jeden Vorbehalt ausliefern.
6. Immer auf dem Wege bleiben. Täglich. Bis ins höchste Alter. Nie verzagen. Bei Fallen und Absinken, wieder Aufstehen und Weitergehen. Gott vergibt und holt uns immer dort ab, wo wir gerade sind. Er kann aus Steinen Kinder Abrahams erwecken (Mt 3,9). Er «vermag durch seine in uns wirkende Kraft weit mehr zu tun als alles, was wir erbitten oder ersinnen» (Eph 3,20).
Je nach dem, wie weit das Glaubens- und Gebetsleben des Lesers entwickelt ist, wird er sich aus den folgenden Beispielen auswählen, was ihm entspricht und worin er sich jetzt verwirklichen kann.

[2] Vgl. S. 112.

II. STOFFE UND VOLLZÜGE

1. DER STROM DER GABEN UND AUFGABEN – Anleitungen

Die folgenden Texte helfen, eigene Erfahrungen zu innern. Sie werden dabei durchsichtig für den, von dem alles Gute kommt und der uns Aufgaben stellt.

Der Stoff
Täglich kommen ungezählte Dinge und Ereignisse auf uns zu. Bald sind es mehr Gaben (Wasser, Licht, Mahlzeiten, Gemeinschaft ...), bald sind es mehr Aufgaben (Arbeit, Widerstände, Schwierigkeiten ...). Beide Arten können Stellen der Begegnung mit dem großen Du werden.

Wege zur Meditation
Für manche genügen diese Aussagen, um selbständig in verschiedener Weise in die Innerung zu kommen. Andere wünschen sich vollziehbare Stufen. Hierfür einige Beispiele.
1. Am *Abend* eines Tages völlig zur Ruhe kommen. Dann langsam und genau den Tag an sich vorbeiziehen lassen und *alles Gute* als solches wahrnehmen, erkennen. Dann bei deutlichen Stellen den *Geschenkcharakter* alles Guten empfinden, schmecken. Bei einzelnen Geschenken verweilen, sich darüber freuen, dabei erfassen: Geschenkt ... mir ... von ihm ... von dir ... Die Worte «von dir» können zum anerkennenden und dankenden Wiederholungsgebet werden.
2. *Am Morgen* eines Tages durch die Grundübung in Gelöstheit und Stille kommen. Dann ausschauen auf das, was heute an Gutem begegnen wird: Wärme, Kleidung, Haus, Frühstück, Begegnung mit vertrauten Menschen ... Bei allem Guten wahrnehmen: Es kommt auf mich zu; ist mir geschenkt. Dies empfinden, sich anrühren lassen. Verweilen in dem Strom der Gaben, der aus Gottes Liebe auf mich zukommt. Die Empfindung kann zu Worten werden: Von dir ... für mich ...

3. *Am Abend* rückblickend den Tag durchgehen mit der Frage: *Welche Aufgaben* waren mir heute gestellt? Was forderte diese und diese Situation von mir? Was war mir aufgegeben? ... In allem Notwendigen oder Geforderten erfassen: Mir als Aufgabe gestellt ... von ihm ... von dir ... Dann im Ganzen des Tages seine Absichten zu erkennen suchen ... Oder einfach im Strom der Aufgaben verweilen ...

4. *Am Morgen* auf den Tag ausblicken. Was ist mir heute *aufgegeben?* In den Begegnungen mit anderen ... im Beruf ... in den Dingen ... mit mir selbst ... Als Wiederholungsgebet kann sich einstellen: Was hast du heute mit mir vor? Was erwartest du von mir? Den Strom der Aufgaben wahrnehmen und dahinter ihn, aus dessen Händen alles auf uns zukommt: Aufgaben, Dinge, die zu bewältigen sind, getragen werden müssen, was wir hinstellen oder erreichen sollen ... Ein anderes Wiederholungsgebet: Für dich! ... Alles wird durchsichtig für ihn. Alles suche ich nach seinen Absichten zu lösen, in seinem Dienst zu tun.

5. Bei häufiger Wiederholung werden die Ereignisse des Alltagslebens immer durchlässiger für ihn ... Immer deutlicher wird die *Erfahrung des ständigen Beschenktwerdens.* Alles Gute wird zur Begegnung mit seiner schenkenden Liebe. Ebenso wächst die *Aufmerksamkeit für seine Absichten*, die wir in den Dingen und Ereignissen des Alltags erkennen. Mehr und mehr stellen sich bei der Begegnung mit Gaben die Worte ein «von dir»; beim Lösen von Aufgaben «für dich» oder «wie du willst».

Der Alltag wird durchsichtig für ihn. Nichts ist mehr außerhalb von ihm. Im Gegenteil, die Dinge und Ereignisse werden zu Begegnungsstellen mit seiner schenkenden Liebe, seinen Absichten, seinem Willen.[3]

Bunt, blutvoll und konkret wird das Gottesverhältnis eines Menschen, der gelernt hat, den Strom der Gaben und Aufgaben, der von Gott kommt, wahrzunehmen, ihn richtig zu deuten und aus ihm zu leben. Hundertfältig werden im Laufe der Lebensjahre die Innerungen, die hieraus erwachsen.

[3] Auführlicher in Tilmann *Das geistliche Gespräch* Würzburg 1969, 17–20

2. *ICH ERFAHRE: «GESCHAFFEN» – Anleitungen*

Die folgenden Anleitungen öffnen Zugänge zu einem großen Gebiet der Glaubensmeditation. Im Laufe der Zeit wird sie sich durch immer größeren Stoff und intensiveres Erfahren entfalten und wird den Menschen zu seinem Wesen führen und verwandeln: Geschaffen.

Der Stoff

Die Natur- und Menschenwelt ist erfüllt von Gestalten, die nicht vom Menschen gemacht sind; vom Funktionieren, das kein Mensch erdacht hat. Läßt er das auf sich wirken, so kommt er zum Staunen. Er gerät in der Innerung an das Geheimnis und erfährt den Hinweis auf «unbekannt». Dem Glaubenden leuchtet darin die letzte Wirklichkeit auf. Er erfährt an sich und an der Welt um ihn: geschaffen.

Zur Meditation

Viele werden ohne Anleitung dieses einfache Thema innern können, ins einzelne gehend oder vor dem Gesamten verweilend ... Vor der geschaffenen Welt ... oder vor der Tatsache: Ich bin geschaffen ... ich bin da, weil du es willst ...

Wer konkrete Wege wünscht, kann sie sich aus folgenden auswählen.

1. Den geistigen Blick durch den menschlichen Daseins- und Erlebnisraum schweifen lassen und verweilen, wo das Moment «geschaffen» besonders hervortritt, anrührt, in Besitz nimmt ...
2. Eine Gartenpflanze, einen Baum, ein Tier gesammelt betrachten und sich von dem So-Sein anrühren lassen. Die Innerung erfaßt das Ding als *Gestalt*. Weiterdringend: Das bedeutet: *gestaltet*. Noch weiter: Von jemand gestaltet, von einem *Gestalter* gestaltet.
3. Wir können von etwas einzelnem bei uns ausgehen. Wir erfahren, wie der eigene Atem unabhängig von uns funktioniert und nehmen ihn längere Zeit wahr. Darin erleben wir: Eingerichtet, nicht von mir, geschaffen. ... Ähnliches können wir beim Fühlen des Pulsschlages erfahren ... Oder beim Betrachten der eigenen Hand ... Wir bewegen sie, erleben, wie sie

funktioniert, aber wissen nicht, wie wir sie bewegen. Sie ist nicht von uns, uns gegeben, geschaffen ...

4. So können wir den ganzen Körper durchgehen, angefangen vom Kopf ... mit den Augen ... den Ohren ... dem Mund ... bis zu den Füßen ... Alles wahrnehmen und erfahren und dabei mitklingen lassen: geschaffen ... von dir.

Ähnliches erfahren wir beim Anschauen der Natur ... einer Landschaft ... Wenn wir das Material technischer Werke anschauen ... das Material lag vor, es wurde nur neu gestaltet ...

5. Besonders tief kann die Erfahrung und deren Innerung in einer liebenden Begegnung werden: Ich so und der andere so, und beides paßt so zusammen ... Ähnlich beim Anblick eines neugeborenen Kindes: Alles ist da und lebt, aber nicht von uns gemacht ... Schließlich hat alles, was wir kennen, etwas von diesem Charakter «geschaffen».

6. Alles kann in ein Ganzheitserlebnis zusammenkommen: Ich ... hier ... und dies ... geschaffen ... von dir ...

3. UNTER DER FÜHRUNG GOTTES LEBEN – Anleitungen

Zur Wirklichkeit, um die es geht

In der Glaubensmeditation begnügen wir uns nicht mit unseren eigenen, ungenügenden Erfahrungen, die wir mit der Tiefe des Lebens und mit Gott machen können. Wir treten vielmehr in den großen Strom der Gotteserfahrungen ein, der in den Ereignissen der Bibel beginnt; in denen Gott aktiv als der Suchende, der Vergebende, der Liebende den Menschen nachgeht und sich mitteilt. Wer glaubend diese größeren Erfahrungen aufnimmt und mit ihnen lebt, wird ihre Wahrheit, Tiefe und Zuverlässigkeit erfahren.

Aus diesem wird klar, daß der Mensch auf ein Leben mit Gott angelegt ist. Der Mensch muß sich darum unter die Führung Gottes stellen. Dabei gibt er seine falsche und angemaßte Selbständigkeit auf und tritt in die großen Entfaltungsmöglichkeiten, die ihm sein liebender Partner bereitet. Er gleicht einem Maurer, der blindes Drauflos-Mauern aufgibt, sich dem

Architekten eines Domes zur Verfügung stellt und damit zum Miterbauer eines Domes wird. Wir können das Gott gegenüber ohne Furcht tun, weil Gott uns besser kennt als wir uns selbst, uns mehr liebt und unsere Umwelt und alle Möglichkeiten besser zu unserem Wohl und Heil zu gebrauchen weiß.

Stufen der meditierenden Einübung

Folgende Stufen werden wir oft wiederholen. Dabei üben wir uns in ein Leben unter seiner Führung ein, die mehr und mehr über uns mächtig wird, uns durchdringt und uns immer tiefer verwandelt.

1. Wir sprechen, oft wiederholend, die Worte «Dein Wille geschehe» und blicken unser Leben, unsere Möglichkeiten und Aufgaben in dem tiefen Wunsche an, in allem zu erkennen, was er vorhat, wie er sich unser Leben denkt. So übergeben wir ihm grundsätzlich, aber auch konkret, die Planung, die Führung und die Entscheidungen.
2. Wir nehmen als Wiederholungsgebet: «Zeige mir, was du vorhast». Mit innerem Verlangen, seine Absichten zu erkennen und das Niveau seiner liebenden Pläne zu erreichen, bitten und suchen wir, seine Absichten in den Gegebenheiten des Lebens zu erkennen und uns zur Verwirklichung zu bereiten.
3. Wir stellen uns ganz unter seine Führung. Wir geben es auf, kontaklos und nur von uns aus das Leben zu sehen, zu planen, zu verwirklichen. Dabei wissen wir, daß seine Führung auf uns zukommt, einerseits in den äußeren Lebenssituationen, die uns beschenken oder fordern, anderseits in dem zarten und erleuchtenden Zug seines Geistes, den er in unser Inneres gegeben hat.
4. Meditation und Lebensverwirklichung werden zu immer tieferer Einheit. Innerungen biblischer Texte helfen uns, seine Absichten besser zu erfassen. Abweichungen und schuldhafte Verfehlungen verlangen Umkehr, Reue und neuen Anfang. Übereinstimmungen tragen kraftvoll weiter auf dem Wege in die große Einheit mit dem Unendlichen, deren Vollendung wir entgegengehen.

4. GOTT SIEHT, RUFT, WARTET, HÖRT, LÄDT EIN, GEHT NACH – *Anleitungen*

Meditation will Einfaches und Wiederholbares. Es muß nur im Erlebnis erfahren sein.
Das Einfache kann sich entfalten und doch Einheit und Einfachheit bleiben. Unser erstes Beispiel heißt: Gott sieht.

Ausgang können Erfahrungen sein, in denen uns ein Mensch in besonderer Weise gesehen oder angeblickt hat. Erinnern, aufschreiben ...
Für den *Vollzug* bieten sich zwei Wege besonders an:
a. Ich begebe mich in äußere und innere Meditationshaltung. Dann denke ich an den großen, geliebten Herrn und weiß, daß er mich anschaut. Seinen Blick lasse ich auf mir ruhen.
b. Ich mache mir vorher einige Seiten dieses Vorganges klar. Sein Blick will mein Heil ... Sein Blick ist wahr; ich stelle mich ihm; alles soll vor ihm offen werden, wie es ist ... Sein Blick ist entdeckend; er sieht Werte in mir, die ich und andere übersehen ... Sein Blick ist aufdeckend; wie der Arzt die Wunde aufdeckt; was ich verdränge, nicht wahr haben möchte, er sieht es ... Sein Blick ist erbarmend; er will helfen und heilen ... Gott sieht mein Ziel; sieht mich, wie ich werden kann, wie er mich liebend gedacht hat, wohin er mich führen will ... Immer werde ich in diesem Blick verharren. – Aus diesem Stoff werden mehrere Meditationen entstehen.
Entsprechend machen wir es mit den anderen Aussagen: Er ruft mich ... wartet ... hört mich (in welchen Lagen allen!) ... lädt mich ein ... (wie? wozu? jetzt) ... geht mir nach (Warum nur? Und wie? Was will er?) ... Worte der Psalmen können diese Meditationen auffüllen. Ebenso entsprechende Erlebnisse mit Mitmenschen. Welche fallen mir ein?
An die *Grundregel* denken: nur *ein* Thema auswählen und in dieses immer tiefer eindringen. Sich von den anderen nicht beunruhigen lassen.

5. DA GOTT MICH ANSIEHT UND ANREDET, WERDE ICH ETWAS – Anleitungen

Wir wären nicht wir selber, wir wären nicht dieser Mensch geworden, wenn uns nicht andere beachtet, angesehen, angesprochen und uns dadurch in ihrer Gemeinschaft eine Stelle gegeben hätten.

Thema der Meditation:
I. Gott ist der, durch dessen Ansehen und Anrede ich etwas werde.
II. Wer bin ich dadurch, daß Gott mich ansieht und anredet?

I. Wir suchen Erlebnisse und Erfahrungen aus dem zwischenmenschlichen Bereich für diesen Vorgang und versuchen nachzuerleben, was bei dem Angesehenen und Angeredeten im Personwerden, Reifen, Menschwerden geschieht. Beispiele: Ein Kleinstkind, das beim Wickeln sachlich wie ein Paket behandelt wird, bleibt stumpf, ein anderes, das von der Mutter angelacht und angesprochen wird, blüht auf. – Ein Kind in der Schule, das sich meldet, aber nicht drankommt, gibt auf, schaltet ab. Wird es drangenommen, wacht es in dem Gesehen- und Angeredetwerden auf, entfaltet sich, wird etwas im Ganzen der Klasse. – Ein Mädchen beim ersten Tanzabend: Die Jungen drehen sich nach ihr um, sie fühlt, wie man auf sie sieht. Sie wird etwas. – Ein junger Mann meldet sich in einer Versammlung zur Aussprache und sagt ein wichtiges Wort. Man sieht auf ihn, er gewinnt «Ansehen». Vielleicht wird er nach der Versammlung wegen seines Wortes angesprochen. Das ist noch mehr, noch persönlicher, hebt ihn noch mehr. – Eine Studentin, die einen gedrückten Eindruck macht, wird nach der Vorlesung vom Dozenten angesprochen. Sie fühlt sich aus einer anonymen Masse herausgelöst, herausgehoben, voll Dankbarkeit, daß sie angeredet wurde. – Ein junges Paar verabredet, vom «Sie» zum «Du» überzugehen. Das «Du» ist geheimnisvoll, es fällt ins Innerste ... Und zugleich umfängt es ... Der Blick geht ins Auge des anderen und verweilt darin. Und dringt in eine doch größere Tiefe ...

All das erleben wir nach bis in die eigene Tiefe.

II. Diese Erfahrungen wenden wir auf unser Gottesverhältnis an. Der Mensch spricht: «Du hast angesehen deine niedrige Magd» (Lk 1,48). Gott spricht: «Ich habe dich bei deinem Namen gerufen» (Jes 43,1). Auch zahlreiche andere Schriftstellen vom Anschauen und Hören Gottes könnten genannt werden.
Welches Ansehen muß ich bekommen, da Gott mich ansieht? ... Sein Blick ist den oben genannten ähnlich. Ich versuche, diesen Blick für mich Wirklichkeit werden zu lassen. Was geschieht daraufhin in mir? Wie werde ich dabei aufgebaut? ... Nicht nur eine Versammlung bedeutender Menschen sieht mich wohlwollend und bestätigend an ... Welche Ruhe und Kraft, Sicherheit und Verwurzelung schenkt dieses Angesehensein von Gott! ... Bei ihm Ansehen haben! Das gilt, das entscheidet alles über meinen letzten Wert.
Und dieses Angesprochensein mit einem «Du» ... Ich lasse das «Du» Gottes in mich hineinfallen ... ganz tief ... und lange ... Es durchdringt mich wie ein Strahl bis auf den Grund ... Es umschließt mich zugleich ... Da wird das Unbegreifliche deutlich: daß jeder von uns etwas vor Gott ist ... Ja, etwas für Gott bedeutet ... Gottes Wesen ist ja Liebe. Wer liebt, sagt dem anderen: Du bedeutest mir etwas ... Für dich will ich da sein ... Nun wird deutlich, was es heißt: an Gott glauben. Nicht: Die Tatsache der Existenz Gottes hinnehmen. Sondern: Gott, der mich ansieht und mir Ansehen verschafft, bedeutet mir etwas ... Etwas nur? ... Er macht mich zu dem, der ich wahrhaft sein kann ... oder bin ... Er baut mich auf. Ich versuche, der Wirkung so unermeßlichen Beachtetwerdens, Geltens, Anerkanntwerdens in mir Raum zu geben ... Ich suche den Vorgang, der darauf antwortet und mich anders werden läßt, kommen zu lassen ... zur Erfahrung werden zu lassen.

6. «HÖRE ISRAEL.» (Dtn 6,4-9) – eine Anleitung

Der Text

«Höre Israel! Der Herr ist unser Gott, er allein.[4] Du sollst den Herrn, deinen Gott, lieben mit deinem ganzen Herzen, mit deiner ganzen Seele und mit deiner ganzen Kraft. Diese Gebote, die ich heute dir gebe, seien in deinem Herzen. Auch deinen Kindern schärfe sie ein. Rede von ihnen, wenn du in deinem Hause sitzest oder wenn du auf Reisen bist, wenn du dich niederlegst, oder wenn du aufstehst. Binde sie als Zeichen an deine Hand, trag sie als Marke an deiner Stirn. Schreibe sie an die Türpfosten deines Hauses und an deine Tore.»

Grundlegung durch Rückbesinnung

Um diesen Text zu betrachten und zu meditieren, müssen wir uns lebendig ins Bewußtsein rufen, was ihm vorangegangen ist.

1. Die Rettung der Israeliten aus der tödlichen Gefahr vor dem Heer der Ägypter. Die Angst saß ihnen in den Gliedern; denn alles war bedroht, woran ihr Herz hing: Die Habe ... das Vieh ... ihre Frauen und Kinder ... die heile Haut ... das nackte Leben ... Gleich mußte der Feind sie im Nacken packen. Diese umfassende Angst, die ihr ganzes Dasein umschloß, die in den vielfachen Verästelungen ihres Daseins, Wünschens und Liebens saß und sie verkrampfte – wich einer allumfassenden Befreiung. In jeder dieser Verästelungen erfuhren sie die alles ergreifende, überall eindringende Macht Gottes ... – Dieses Schicksal nacherleben, nachvollziehen.

2. Dann führte sie dieser Mächtige durch die Wüste, erlaubte sich, sie in Hunger und Gefahr kommen zu lassen, bis er sich in seiner überweltlichen

[4] Von einem modernen Meditationsbuch wird man bei biblischen Texten zunächst eine Antwort auf die Frage erwarten, was die Exegese zu dem Text zu sagen hat. Wissenschaft und Wahrheit können nicht übersprungen werden. Für solche Ausführungen aber ist in einem knappen Übungsbuch nicht genügend Raum.
Manche Bibeltexte werden ohne Exegese mißdeutet. Manche aber kann man ähnlich angehen wie ein Gemälde, das man ohne Reflexion über die Entstehung einfach zu sich sprechen läßt. Die hier ausgewählten Texte scheinen geeignet, in dieser Weise meditiert zu werden.

Übermacht am Sinai offenbarte. «Ihr habt gesehen, wie ich mit den Ägyptern verfuhr, wie ich euch mit Adlersflügeln hierher zu mir brachte ... Mir gehört die ganze Erde ... Hütet euch wohl, den Berg zu besteigen oder auch nur seinen Fuß zu berühren. Alles, was den Berg berührt, muß sterben.» (Ex 19,4.5.12; weitere Texte Dtn 5,22–23). – Diese göttliche Übermacht auf sich wirken lassen.

Die Betrachtung des Textes

1. Dieser erdrückenden Übermacht gegenüber schlägt in dem angeführten Text die Situation um: Dieser Übermächtige ist so, daß du ihn lieben kannst. Er ist anziehend, ja hinreißend. Das Zurückweichen vor der totalen Übermacht schlägt um in das totale Hingezogenwerden: «Du sollst den Herrn, deinen Gott, lieben ...». Dieser Umschlag ist zu erfassen, zu meditieren, nachzuvollziehen ...

2. Dieses Gebot reißt alles im Menschen auf, bringt ihn bis auf den Gund seines Inneren in Bewegung, in Ausrichtung auf diesen Gott, in die Bindung der Hingabe an ihn: «... lieben mit deinem ganzen Herzen, mit deiner ganzen Seele, mit deiner ganzen Kraft».

a. Unsere Hingabe geht von Natur aus und darum mit Recht an viele Dinge: an geliebte Menschen ... an die Welt ... das Eigentum ... die Aufgaben ... Was aber dieses Gotteswort wachruft, ist eine Hingabe, die, aus den Wurzeln unseres Seins hervorbrechend, wie eine Flut jede andere Hingabe einholt und überströmt, alles andere Geliebte überflutet und der ganzen Übermächtigkeit Gottes entgegenströmt und sie überall erreicht, wo sie anzutreffen ist ... – Innerlich erfassen, vollziehen.

b. Diese Hingabe an den einen Gott geschieht mit *ganzem* Herzen: Alle Kräfte der Wachheit und des Lauschens, des Denkens und Strebens, des Wollens und Handelns, des Wachsens und der Selbstverwirklichung, des Ringens um die Lebensgestaltung und die Bewältigung der Welt, alle diese Kräfte sind Material oder Ausdrucksorgane einer Liebe, wie sie Gott gebührt ... – In den Teilen dieses Vorganges erwachen, darin verweilen. Oder im Gesamtvorgang.

3. Das aber soll nicht das Geschehen einer großen und seltenen Stunde sein. Mit der Entschlossenheit, die das Ganze will, packt der Text die Ganzheit des Lebens und prägt, wie mit wuchtigen Schlägen, die Durchführung dieses Gebotes in alle Lagen des Alltages ein: Du mußt immer und in allen Lagen ein zu allen Mitteln Entschlossener, vollständig Gott Hingegebener sein. Denn diese Worte «seien in deinem Herzen»; «rede», «binde», «trage», «schreibe sie», so prägt der Text sein … «zu Hause», «auf Reisen», «wenn du dich niederlegst», «wenn du aufstehst» … «an deiner Hand», «an deiner Stirn», «an die Türpfosten», «an deine Tore» … Nie und nimmer vergessen, immer in der Gegenwart dieses großen, alles aus uns an sich ziehenden, faszinierenden, überwältigenden Gottes leben, in der ständigen Hingabe an ihn, in der ständigen Zweiheit mit ihm, im Bunde mit ihm, das ist der diesem Gott allein entsprechende Normalzustand …

Worte des Betens können sich einstellen

Wer bist du, du lebendiger Gott, der du uns so göttlich entgegentrittst? Der du alle unsere Horizonte und Maße sprengst? Der du nur in solcher Überforderung ausdrücken kannst, was dir eigentlich gebührt? Aber muß diese Überforderung nicht zugleich unermeßliche Gnaden verheißen, da sie nicht vergeblich so ausgesprochen sein kann? So ahne ich, in welchem Maße du Geheimnis, in welchem Maße du Gott bist …

Wenn ich Ausschau halte, muß das wohl der letzte Sinn des Erlösungswerkes, der Geistsendung sein, daß das möglich wird, was hier gefordert ist und was deiner Wirklichkeit allein entspricht…

Zur Meditation

Zu diesem Text, diesem Vollzug, in all seinen Elementen immer wieder zurückkehren, realisieren, darin anders werden. In seinem Anruf den lebendigen Gott meditieren; mit der eigenen Tiefe zu einem wahren Gottesverhältnis in Geduld heranreifen.

7. DER BARMHERZIGE VATER (*Lk 15, 16–32*) – *eine Anleitung*

Wie ist eigentlich das letzte Geheimnis unseres Daseins, das wir Gott nennen? Wie verhält er sich zu mir? Auf diese Fragen können viele durch die Ereignisse und Erfahrungen des Alten Testamentes nicht die Antwort finden, die sie suchen. Leichter geschieht dies, wenn sie zu den Evangelien greifen.

Die Fülle ihrer Aussagen ist groß. Wir zeigen an vier Beispielen, wie man vom Text zur Meditation vordringen kann, und wählen zunächst den obengenannten Text aus.

Der Ablauf

Zuerst *lesen* wir langsam und genau, am besten laut, vielleicht in Gemeinschaft mit anderen, den Text.

Dann *fragen* wir: Was wird uns hier gesagt? Worauf antwortet der Text? Worauf kommt es an? Was geht das uns und unser Leben an?

In der nun folgenden Stille *dringen wir innerlich ein.* Wir versetzen uns in das Schicksal des fortgegangenen Sohnes hinein und erleben es nach, zumal die Not, den inneren Zug nach Hause, den Heimweg, das Aufgenommenwerden...

Dann *lassen wir das Ereignis durchsichtig werden* für Gott und unser Verhältnis zu ihm. Es zieht mich heim zu ihm; er verlangt nach mir; er nimmt mich auf, wie ich bin, verzeihend, ohne Vorwurf, freudig, liebend, wenn ich mich ihm nur ohne Vorbehalt anvertraue ...

Die *eigentliche Meditation* wird bei der Annahme durch den Vater entstehen und stehen bleiben. So handelt Gott an mir. Darin verweile ich. Um dies zu können, werden wir nach Klärung der Fragen, ob allein oder im Kreis, die bekannten Stufen durchgehen: Stillwerden, gelöst atmen, sich loslassen, entspannt gegenwärtig und wach und offen werden für diese tiefe Wirklichkeit, die wir nun in uns eindringen und über uns mächtig werden lassen. – «Ich habe die ganze Zeit die Hand des Vaters auf meinem Rücken gefühlt», schrieb eine Studentin nach dieser Übung. Sie hatte die Tiefenmitte gefunden und blieb darin.

8. DIE VERLORENE DRACHME (Lk 15,8–10) – eine Anleitung

Gott wartet nicht nur auf uns und nimmt uns an, wie wir sind. Er *sucht* uns. Davon spricht dieses Gleichnis.

Der Ablauf

Den Text, wie oben angegeben, langsam und hörbar lesen.

Ich stelle mir die Frau vor, kniend auf dem Lehmboden des palästinischen Hauses. Sie hat gefegt, greift nun in die Ecke, in den Staubhaufen, bis sie das Geldstück hat und freudestrahlend aufsteht …

In diesem Bild wird Gottes suchende Liebe schaubar, der sich in Christus erniedrigt, uns nachgeht, unsern Schmutz nicht scheut, zugreift und uns freudig heimbringt …

Im Schauen weiß ich mich mit der Drachme gemeint und verweile im Vorgang, daß Gott auf meine Ebene herabsteigt, mich aus dem Schmutz holt und freudig heimbringt. Unfaßlicher Vorgang, nur im Bilde und in der Meditation zu erreichen … Freude, Dank …[5]

9. JESUS HEILT EINEN BLINDEN – eine Anleitung

Was in den Gleichnissen gesagt ist, wird im Handeln Jesu schaubar. Wie meditiert man es? An einer Blindenheilung zeigen wir einen ausführlichen Ablauf.

[5] Als Beispiel, was sich in der Innerung dieses Stoffes vollziehen kann, möge folgender Text dienen, der einer Niederschrift entstammt.
«Als ich vor dem Bild der suchenden Frau verweilte, und mich gesucht wußte, fühlte ich mich gefragt: ‹Wo bist du›? Erst kam mir die Antwort: ‹In dieser Stadt.› Aber da wiederholte sich schon die Frage: ‹Wo bist du›? – ‹In diesem Zimmer›. Nach einer Weile wieder die Frage: ‹Wo bist du›? Ich wollte sagen: ‹In dieser Arbeit›. Aber als wollte die fragende Stimme tiefer dringen, wiederholte sie: ‹Wo bist du›? Das traf mich tief; ich merkte, was gemeint war. Mir kam die Antwort: ‹In meiner Verstricktheit, Halbheit, Unordnung, Schuld›. Nun hatte ich wohl alles gesagt. Ich hatte kapituliert. War ich am Ende? Nach einer Weile wieder die Stimme: ‹Wo bist du›? Sie drang bis in meinen Grund. Ich besann mich. Da brach es aus mir hervor: ‹In deiner Barmherzigkeit›. Jetzt wurde es still und eine tiefe Ruhe zog in mir ein. In ihr verweilte ich.»

Der Text: Mk 8,22–26

Die Szenerie (der oberste und äußerste Ring der Schalenbewegung)
Auf der Hauptstraße von Betsaida. Rechts führt eine Nebenstraße hinunter. Häuser, trocknende Wäsche, unten ein Streifen vom See, am Ufer ein Boot, Netze. Von vorn kommen Leute. Zwei Männer führen einen Mann. Er scheint blind.

Der äußere Ablauf (nächster Schalenring)
Jesus auf der Straße. Er sieht sie kommen ... Sie erreichen ihn, bitten ihn ... Er faßt den Blinden bei der Hand ... Führt ihn zum Dorf hinaus ... Abseits vom Feldweg, wo Büsche stehen ...
Er streicht Speichel auf seine Augen – das ist verständliche Zeichensprache ... Er legt ihm die Hände auf – eine Segensgebärde ... Dann fragt er ihn: «Siehst Du etwas?» ... Es ist also durch die Zeichen und in ihnen etwas geschehen ... «Ich sehe die Menschen; denn ich sehe etwas umhergehen, das wie Bäume aussieht» ... Nur eine Stufe der Heilung ist erreicht. «Da legte er ihm nochmals die Hände auf die Augen; nun sah der Mann deutlich. Er war geheilt und konnte alles ganz genau sehen.» Die Heilung ist geschehen.
«Er schickte ihn nach Hause und sagte: Geh aber nicht in das Dorf hinein», damit das Ereignis nicht aus seiner Tiefe gerissen würde durch die Begegnung mit den Dorfleuten und ihr aufgeregtes Reden. Takt, Stille.

Das innere Geschehen (dritter Ring der Schalenbewegung)
Wir dringen in die Tiefe der Ereignisse: Kommen sehen ... Bitte ... Jesus faßt den Mann an der Hand ... Diese gelöste, natürliche Menschlichkeit ... Er führte ihn ... in die Stille, Verborgenheit. Diskretion. Unabgelenkt, ganz gesammelt soll der Mann den heilenden Eingriff, Gottes Wirken, erfahren.
Die Zeichen, darin das Tiefere. Die Heilung, der Eingriff Jahwes durch Vermittlung dieses Propheten ... Doch der Blinde soll das Unerhörte seelisch erfassen. Erste Stufe: Das Sehen beginnt, die Wandlung durch

diesen Jesus ... Die zweite Stufe: Neue Handauflegung, volle Heilung ... Die neue Daseinslage: Sehen. Die Welt und ihre Fülle beginnt, in das Innere einzudringen ... Zahllose Kontakte werden möglich. Umfassendes Erleben. Geschenk vom lebendigen Gott ... In der Heilung: Erfahrung seines Wohlwollens, seiner umfassenden Macht, seiner wirkenden Nähe ... Ich bin persönlich von ihm gemeint, berührt ... Ich sehe! Welches Geschenk!

Und dann den Intimbereich wahren. Nicht ins Dorf! Die innere Erschütterung durchreifen lassen. Als Gottesbegegnung erfahren. Darin verweilen. Sich nicht von der staunend erregten Menge überschütten oder den inneren Vorgang zerreden lassen ...

Die Meditation (am Boden der Schalenbewegung)

Einige Stellen, an denen der Übergang zur Meditation leicht erfolgen kann: Von Jesus an der Hand geführt: der Blinde; ich ... Ganz persönlich angesprochen: er; ich ... Vielleicht wird die eigene Blindheit bewußt, die gegen Gottes Absichten ... die gegenüber den Bedürfnissen anderer ... gegen die Gelegenheiten zum Guten ... gegen das intime innere Licht ... Hunger nach Licht ... «Was willst du, daß ich dir tun soll? – Herr, daß ich sehend werde» (Mt 20,32), für dich, für andere ... für die Zeitsituation ... für mich ... Vor dem Herrn verweilen, der mir allein den Glaubensblick, den Blick der Liebe schenken, das innere Auge für das Göttliche öffnen kann. Sein Licht eindringen lassen.

Die Stufen dieses Ablaufes, die Schalenbewegung, können sinngemäß bei vielen biblischen Szenen durchgegangen werden. Doch soll hier Freiheit herrschen. Für manche Anfänger ist es gut, so konkret zu beginnen und die Stufen anfangs deutlich voneinander abzuheben. Später werden sie sich lösen oder ineinander übergehen. Andere stört dies; sie wollen sogleich in den inneren Vorgang. Bei manchen Gereiften bricht die Meditation schon beim Lesen des Textes durch.

10. DER REICHE FISCHFANG – eine Anleitung

Der Text: Lk 5,1–11

Der Ablauf: Auch hier kann uns eine «Schalenbewegung», vom oberen, äußeren Rand zur Tiefenmitte führen.

Zuerst den *Text lesen.* Dann den *äußeren Ablauf* in seiner Ganzheit in den Blick bekommen. Dabei stellen sich *Fragen* ein, zumal nach Sinn und Aussage des Ganzen. Ein Kommentar, eigne Überlegung, ein gemeinsames Gespräch können helfen.

Dabei kommt das *innere Geschehen*, die eigentliche Aussage mehr und mehr vor den Blick.

An einer Stelle fühlen wir besondere *Tiefe:* Petrus vor Jesus. Die Schalenbewegung sammelt sich auf dieses eine und wird tiefer. Wie Moses vor dem Dornbusch fällt Petrus nieder. Er erfährt: Ich in der Nähe Jahwes, der in diesem Ereignis, in diesem Jesus wirkt ... Seine Erfahrung: Vor ihm stimmt es mit mir nicht ... Dahin gehöre ich nicht ... Von solcher Talsohle der Demut erhebt ihn Jesus durch die Berufung zum Menschenfischer, nun gereinigt von aller Selbstgefälligkeit.

Tieferes Eindringen: Die Erfahrung des Petrus, seine Begegnung mit dem Heiligen, sein Umgeworfenwerden, sein Anderswerden. Dies innerlich nacherleben, in diesen Prozeß kommen.

Dabei kann helfen: Petrus vor Jesus; ich vor ihm. Wessen könnte ich mich vor ihm rühmen? Arm bin ich ... Habe ich alles losgelassen? Bin ich auf der Talsohle der Demut, daß er mich gereinigt erheben kann? ... In dieser Tiefenmitte verweile ich und lasse mich im Angesicht seines Blickes umschmelzen. Ich tue nichts mehr. Das Geschaute dringt in meine Tiefe und verändert mich.

11. CHRISTUS, DIE ERFÜLLUNG UNSERER TIEFSTEN WÜNSCHE – eine Anleitung

Es ist ein guter Weg, zu einem lebendigen Christusverhältnis zu kommen, wenn man von seinem persönlichen Lebensverlangen ausgeht und erfaßt, wie Christus dieses erfüllt. Hierfür dient der folgende Text:

Der folgende Meditationsstoff wird in drei Stufen durchgegangen. Auf der *ersten* wird man sich klar, daß man im Grunde die hier genannten Wünsche deutlich oder uneingestanden in sich trägt. Man läßt sie in sich aufsteigen, gesteht sie sich ein, schmeckt sie, bejaht sie als Wirklichkeit. Auf der *zweiten* Stufe bedenkt man, in welcher Weise Christus die einzelnen Wünsche erfüllt. Bei dieser Überlegung können wir uns auch an manche Bibelstellen erinnern, am besten aber zunächst ohne die angeführten nachzuschlagen.

Auf der *dritten* Stufe läßt man die erweckten Wünsche und Sehnsüchte in diese durch Christus gewährte Erfüllung hineingehen. Sie senken sich in Christus wie Wurzeln in den Erdboden. Das kann auch in ein wörtliches Gebet übergehen, in dem man sich bekennt, sich hingibt, vertraut und so Christus tatsächlich zum Ziel und zur Erfüllung der tiefsten Lebenswünsche werden läßt. So wird das Leben ganz in ihm verwurzelt.

Es muß dem einzelnen überlassen werden, ob er täglich nur das eine oder mehrere der Beispiele durchgeht. Erst ein langes Verweilen bei jeder einzelnen der drei Stufen läßt den Vorgang zur Meditation werden.

Folgende Wünsche leben in uns:

Ich möchte verstanden werden (Mk 12,43)
anerkannt werden (Joh 1,47; 4,17–18; Offb 2,19)
richtig leben lernen (Mt 22,16)
ein Ziel haben, für das es sich lohnt, zu leben (Phil 3,12–14)
den Weg wissen (Joh 14,6)
etwas besitzen, was nicht vorläufig ist und was nicht
  verlorengeht (Mt 6,19f.)
geliebt werden ohne Selbstsucht (Gal 2,20)
lieben dürfen, ohne mich wegzuwerfen (Joh 21,15–17)
geborgen und aufgehoben sein (Mt 23,37)
sicher sein (Joh 10,29)
unüberwindlich sein (Joh 16,33; Apg 5,41–42; Joh 5,4).
Ich möchte einen Freund haben, dem ich mich anvertrauen kann (Joh 15,15)
der immer bereit ist, mich anzuhören (Mt 11,28)

der mich immer versteht (Lk 7, 44–47)
der mein Bestes will (Röm 8,28)
der mir meine Fehler sagt (Mt 5–7)
der mich froh macht (Joh 17,13)
der mir ein Halt ist (Röm 8,38–39)
der mich nie enttäuscht (Mt 7,24–25)
der mich nicht hintergeht (Hebr 10,23)
der meine Freundschaft sucht (Offb 3,8)
der sich über meine Liebe freut (Offb 3,20).
Ich möchte einen Meister haben, zu dem ich aufschauen kann (Joh 6,68)
der mir nichts durchgehen läßt (Offb 2,4)
der mich anfordert (Lk 9,57–62)
der von mir verlangt, etwas Ganzes zu werden (Offb 3,15–16)
der mir hilft, mit meinen Fehlern fertig zu werden (Phil 4,13; 2 Kor 12,9)
der mir verbürgt, daß mein Leben gelingt (Joh 8,12)
der mich von Ärger und Langeweile befreit (1 Kor 13,5–7)
der mich aus der Enge des Lebens erlöst (Joh 10,16)
der meinem Leben einen Sinn gibt (Joh 17,3)
der mich die Welt verstehen lehrt (Mt 6,26; 13,24–30)
der mir einen Lebensplan gibt (Eph 1,18–23)
der mir hilft, daß ich werde, wozu ich angelegt bin (1 Tim 1,15)
der das Beste aus mir herausholt (Mt 5,48; Phil 1,6)
der mir hilft, treu zu sein (1 Tim 1,12)
der mir die Sorgen abnimmt (Mt 6,25–34)
der mir alles Unangenehme in Schönes verwandelt (Apg 5,41)
der mich innerlich reich macht (Eph 3,8–9)
der mich stark macht (Röm 8,37; Phil 4,13)
der mich beliebt macht (Apg 2,47)
der mich über mich hinauswachsen läßt (Röm 8,14. 29).
Ich wünsche mir einen Größeren, der mein Herr sein kann (Mt 10,37)
den ich bewundern kann (Lk 11,27)
der Einfluß hat (Joh 1,9; 12,32)

der mich zu einer großen Aufgabe beruft (Mt 11,12; Lk 11,23)
der Macht hat (Mt 28, 18)
der die Welt ändern kann (Offb 21,5)
hinter dem viele stehen (Offb 5,9)
der einen weltumfassenden Plan hat (Lk 1,33; Eph 1,10; 1 Kor 15,28)
der in die Gemeinschaften der Menschen den Frieden bringt (Joh 4,27; Apg 2,42–47; 4,32)
der mich an die richtige Stelle stellt (Eph 4,11–13)
der mich erfüllt (Joh 11,25)
der mich glücklich macht (Offb 19,9).

Übergang zum meditativen Gebet

Die meisten dieser Sätze können als Wiederholungsgebete gebraucht werden (vgl. S. 113).

Auch in der Form des Christus-Rosenkranzes können sie in die Tiefe des eigenen Lebens und Daseins aufgenommen werden. Dafür lernt man zunächst das folgende Christusgebet auswendig. Dann nimmt man einen Rosenkranz zur Hand, verwendet statt des «Gegrüßet seist du Maria» das Christusgebet und fügt nach «Herr und Heiland» eines der oben genannten Worte ein, etwa: «der mich versteht, der mich nie enttäuscht, der mich innerlich reich macht». Das Christusgebet lautet:

Sei gepriesen, Herr Jesus Christus,
Sohn des lebendigen Gottes.
Du bist der Erlöser der Welt,
unser Herr und Heiland.
Komm, Herr Jesus, und steh uns bei,
daß wir allezeit mit dir leben
und in das Reich deines Vaters gelangen. Amen.[1]

[1] Ausführlicher hierüber in: *Das geistliche Gespräch* 132 bis 134.

12. CHRISTUS IN DREI EREIGNISSEN UND WIR – *ein Vorschlag zur Vereinfachung*

Wir können nicht immer alles aus dem Leben und Tun unseres Herrn im Blick und im Herzen haben. Wir brauchen Stellen, zu denen wir immer wieder zurückkehren, vor denen wir verweilen, aus denen wir leben können. Sie müssen zentral sein und uns das Wichtigste sagen.

Sie können für die einzelnen verschieden sein. Sollen aber solche genannt werden, so möchten wir, für das Leben mit ihm, drei nennen, die zu immer neuen Quellen der Liebe, der Verbundenheit, der Erneuerung werden können: die Fußwaschung, das Sterben am Kreuz und die Mitteilung seines Geistes.

Das erste Ereignis gehört noch der ersten Stufe seines Lebens an: seiner Verkündigung und seinem öffentlichen Leben. Er handelt. Er erniedrigt sich und leistet einen selbstlosen Dienst. Er sagt: So sollt auch ihr einander die Füße waschen. Diese Weisung ist einfach, und wir können uns immer wieder an ihr die richtige Gesinnung, die Läuterung, die selbstlose Liebe holen …

Die Hingabe seines Lebens am Kreuz gehört zur zweiten Stufe, zur Passion. In diesem Vorgang ist sein Leben wie in einem Brennpunkt zusammengefaßt: Zeugnis für Gott und sein Wort, Einstehen bis zum letzten, Verherrlichung des Vaters und Hingabe an ihn in Gehorsam und Liebe, absolut selbstlose Liebe für uns. Vor dem Gekreuzigten sollen wir oft meditierend verweilen. Er wendet sich von den Menschen, die ihn kreuzigen, nicht ab. Sein Blick ist in unerschütterlicher Liebe auf uns gerichtet, seine Arme und Hände zu uns ausgebreitet …

Das dritte Ereignis gehört der dritten Stufe seines Lebens an, der Verherrlichung. Christus, der Auferstandene, teilt uns den heiligen Geist mit. Er gibt uns Anteil an seinem Innersten, seiner Gesinnung, seiner Gottverbundenheit, seiner Sohnschaft, seiner Freude (Joh 15,11), seinem Frieden (Joh 14,27), seiner Liebe. Wie wir durch diese letzte Stufe seiner selbstlosen Liebe und unserer Erlösung verwandelt werden, wie

wir dieses wunderbare Heilsereignis meditieren und in uns mächtig werden lassen, davon ist an vielen Stellen in diesem Buche die Rede.
Aus diesen drei Ereignissen kann unsere Liebe zu Christus immer wieder neu, die Verbundenheit immer persönlicher, die Innerung tiefer, die Verwandlung durchgreifender, die Offenheit und Dienstbereitschaft für die anderen immer stärker und lebendiger werden. In diesen drei Ereignissen finden wir unsern Herrn besonders. Aus ihnen und aus dem, der dies getan hat, kann man leben.

13. WIR MEDITIEREN JESUS CHRISTUS – Grundsätzliche Wegweisung

Nirgendwo ist uns Gott so deutlich geworden und nahe gekommen wie in Jesus Christus. «Es gibt nur einen Gott und einen Mittler zwischen Gott und den Menschen, den Menschen Jesus Christus» (1 Tim 2,5). Er ist für unser ganzes Leben der große Mittelpunkt unseres Meditierens. Die folgenden sechs Weisungen sind grundlegend. Sie können helfen, im Lauf der Jahre den vielfältigen Stoff in den wesentlichen Richtungen durchzugehen.

1) Grundlegend ist es, Jesus Christus in seinem irdischen Leben immer mehr kennen zu lernen. Dazu lesen wir die Evangelien und lernen ihn kennen in den biblischen Szenen, seinen Wanderungen, Begegnungen, Worten, im Umgang mit den Menschen, in seinem Beten, seinem Leiden und Sterben. Hierfür benützen wir alle Mittel, die uns dem Herrn näher bringen können, Bilder, Landkarten, Kommentare und andere.

2) Daraus wächst die Nachfolge.
a) Wir hören auf sein Wort. Wir lernen es nicht nur kennen, sondern lassen es uns sagen, lassen uns von ihm treffen, lassen es eindringen, werden berührt, ergriffen und von ihm überwältigt. Wir richten uns nach seinem Wort und leben danach. Wir nehmen zum Beispiel die Botschaft vom kommenden Gottesreiche an und suchen nach dem zu leben, was er uns in der Bergpredigt gesagt hat.

b) Wir folgen seinem Beispiel. Er wird unser Meister, den wir lieben, wir werden seine Jünger. Besonders übernehmen wir seinen lückenlosen Gehorsam gegen den Willen Gottes. «Meine Speise ist es, den Willen dessen zu tun, der mich gesandt hat» (Joh 4,34). Wir suchen ihm zu folgen in seinem Leben mit Gott und für ihn; in seinem Leben für die Menschen; in seinem Offensein für alle, wie seinem Einstehen für die Botschaft, seinem Durchhalten bis in Leiden und Tod. All das schauen und verkosten wir in der Innerung, werden davon ergriffen, werden verwandelt und versuchen ihm nachzufolgen.

3) Christus lebt.
Im Blick auf den Herrn in seinem *irdischen* Leben bekommt seine Gestalt für uns Konkretheit, Farbigkeit und menschliche Nähe; sie gehört unserem Erfahrungsbereich an. Aber die Ereignisse liegen fast zweitausend Jahre zurück. Christus aber ist vom Tode erweckt und lebt. Wir schauen zu dem *erhöhten* Herrn auf wie Paulus, der von ihm berufen wurde. Der erhöhte Herr bedeutet «Geist und Kraft»; zugleich Weltweite, Gegenwärtigkeit, Aktualität und Anredbarkeit. Dazu intime Nähe und herrscherliche Hoheit in einem. Er ist nicht ein Ehemaliger, sondern der Gegenwärtige, der Handelnde, der Kommende.

4) Der Irdische und der Erhöhte sind der gleiche.
Wie der Auferstandene die Wunden seines Leidens am Leibe trägt, so hat er seine ganze Geschichte in sich. Christus liegt nicht mehr als Kind in der Krippe und hängt nicht mehr am Kreuz. Aber er ist der, dem dieses geschehen ist. Aufgabe ist es, den von einst und den gegenwärtigen zusammenzuschauen, vor ihn zu geraten, sich anreden zu lassen und ihn anzureden. Als Beispiel genüge: Der die Bergpredigt hielt, sich die Füße auf den Straßen Palästinas staubig machte, die Kinder herzte, sich der Armen annahm ... ist der gleiche, der den Saulus berief ... der jetzt unserer Gemeinde vorsteht, zu ihr spricht und in ihr wirkt ... und der kommen und alles vollenden wird. Wir müssen den ganzen Herrn vor Augen haben.

5) In das Gottesverhältnis Jesu hineinwachsen.

Sein Verhältnis zum Vater müssen wir in seinem irdischen Leben beobachten, etwa in seinem nächtlichen Beten; dann wissen, daß er dieses weiterlebt in seiner Verherrlichung, «immer für uns eintretend» (Hebr 7,25), und daß wir in dieses Verhältnis hineinwachsen und daran Anteil bekommen müssen. Ähnlich ist es mit seinem Verhältnis zu den Mitmenschen. Was er gelebt hat und lebt, soll in uns leben. Das führt uns zum letzten:

6) Anteil haben an seinem Leben.

Was Jesus Christus am Kreuz vollzogen hat, die vollkommene Hingabe an Gott für uns Menschen, ist für den Auferstandenen der bleibende Existenzakt, ist sein Leben. In dieses Leben hat er uns hineingenommen, indem er uns seinen Geist schenkte. An diesem Leben Anteil zu haben, aus ihm zu leben, ist die letzte Stufe christlicher Lebensverwirklichung. Sie muß in der Meditation immer wieder erfaßt, vertieft und gelebt werden. So sind wir «in Christus Jesus». Er will sein Leben in uns verwirklichen.[2]

Der Christ wird seinen Herrn einerseits vor Augen haben wie Paulus bei der Bekehrung oder wie ihn die Mosaiken des thronenden Christus über den Altären in alten Kirchen darstellen; gleichzeitig tastet und versenkt er sich nach innen, weil Christus durch seinen Geist in ihm lebt.

So sehr wir in der Christusbetrachtung und -meditation oft auf einzelnes schauen, manchmal nur ein Wort von ihm in die Tiefe nehmen, so muß doch unser Blick immer mehr Christus in seiner ganzen Fülle zu erfassen suchen, bis in seine letzten göttlichen Tiefen hinein. Seinen «unergründlichen Reichtum» (Eph 3,9) immer mehr zu erkennen, von ihm «das Leben in Fülle» (Joh 10,10) zu bekommen und zur Einheit mit ihm zu gelangen (Joh 17,21–26) ist die große Lebensaufgabe des Christen, an der er in Meditation und Lebensverwirklichung bis zu seinem Tode wirken wird.

[2] Vgl. «Der Brunnen der Liebe» S. 109, «Vertiefung der Grundübung» S. 132 und andere Texte.

14. DIE GROSSEN HEILSEREIGNISSE IM KIRCHENJAHR – ein erschließender Hinweis

Ein Übungsbuch kann nicht zur meditativen Mitfeier aller Ereignisse des Kirchenjahres anleiten. Es muß aber auf die Gebirge von Stoffen und Vollzügen der Innerung hinweisen, die im Kirchenjahr, besonders in den großen Zeiten und Festen, bereit liegen. Faktisch gelangt hier die Gemeinschaft der Glaubenden am stärksten in die Meditation. Was trägt alles dazu bei?

Vor allem die Heils- und Liebeswerke Gottes, die begangen werden; sie können uns durchbohren und überwältigen und unser Leben neu machen. Dann die Einübung der Mitfeier seit der Kindheit. Ferner die Gestalten der Feier: schaubares Geschehen und gemeinsames Tun, das die Innerung wachruft und trägt; besonders bei der Palmprozession, der Fußwaschung, der Kreuzverehrung, der Lichtfeier in der Osternacht und immer wieder in der heiligen Eucharistie. Dann die Gesänge und Gebete, die Lesungen, die Predigt, schlicht gesagt: die ganze Feier, die von der Gemeinschaft glaubend und gesammelt, zugleich äußerlich erfahren und innerlich von den Anwesenden vollzogen wird. Denken wir an Advent und Weihnachten, an die Bußzeit und die Kar- und Ostertage, besonders an den Tod und die Auferstehung Christi und seine Geistsendung. All dieses Geschehen hat seine abgründige Tiefe. Es ist ja vom lebendigen Christus getragen, der seine Geschichte und so diese Ereignisse in sich trägt und sie der Gemeinde zur Teilnahme gegenwärtig setzt. Alles dies wird dazu jährlich wiederholt und dringt so immer tiefer in uns ein.

Bei diesen Gottesdiensten sind faktisch zahllose Gläubige, ohne daß das Wort genannt wird, wenigstens in Augenblicken in der Meditation, in der die Tiefe des Vorganges erfaßt wird. Das Kirchenjahr kann die große Meditationsschule der Gläubigen sein. Kein Übender soll an ihr vorübergehen.

Zum Vollzug

Wir dringen in *Vorausmeditationen*, vom Festereignis oder von den Texten ausgehend, in die Tiefe und Fülle der Geheimnisse ein; lassen sie in lebendiger Teilnahme und persönlichem wie gemeinsamem *Vollzug* über uns mächtig werden und sättigen uns daran; in *Nachmeditationen* lassen wir den Gehalt der Feste in uns weiterleben und weiterwirken. Bis in den Volksbrauch hinein kann die Innerung fortgesetzt und festgehalten werden.

15. DAS «WIR» IN DER LITURGIE – eine Anleitung

Reich sind die Stoffe, die uns die Liturgie für die Meditation anbietet, vor allem die heiligen Dinge und Zeichen, die Handlungen und Gesten, die Texte, die Feste, die heilige Versammlung, die Eucharistie. Aus den Gebeten der Liturgie greifen wir jetzt ein einziges Wort heraus, das von großer Bedeutung ist, das «Wir». «Wir stehen vor dir ... wir bringen dir dar ...»

Dieses «Wir» muß lebendig verwirklicht werden. Ich und dieser ältere Herr dort gehören dazu, da die junge Hausfrau mit dem Kind, drüben der junge Mann. Sich mit jedem in Verbindung setzen. Aus gleichem Grunde sind wir hier ... haben gleiches Schicksal im Menschsein ... sind vor Gottes Angesicht ... sind verbunden in Weg und Ziel ... So gehen wir immer konkret weiter, damit die Ich-Befangenheit überwunden wird.

Aber es geht noch tiefer. Hinter der ganzen Versammlung und jedem einzelnen muß das dahinterstehende Geheimnis geschaut werden: Christus, der Herr. «Ihr alle seid einer in Christus» (Gal 3,28). Alles Gute, was ich im Vollzug des Gottesdienstes bei den anderen sehe, ist Leben dieses Herrn in dieser Gemeinde. Jeden hat er an sich gezogen (vgl. Joh 12,32). In jeden gießt er sein Leben. Alle schließt er zusammen. In dieser hier versammelten und feiernden Gemeinde mit Priester und Volk erschauen wir konkret das Geheimnis des heiligen Weinstockes, das Wort «der bleibt in mir und ich in ihm» (Joh 6,56). Alle Anwesenden werden transparent für ihn.

Diese Übung hat ihre *besondere Zeit* vor dem sonntäglichen Gottesdienst. Jeden der kommt, nehmen wir so in die Ganzheit auf.

Bei öfterer Wiederholung wird der Blick sich weiten auf die verschiedenen Arten der Menschen: die Anwesenden und Abwesenden, die Berufstätigen, die Kranken, die Sorgenvollen, die Armen, die Kinder, Jugendlichen, Brautleute, Eheleute, Alten, Sterbenden, die Offenen und Verstockten, die Isolierten, die in Gemeinschaft stehen und viele andere Gruppen ... Auch die Weite der ganzen Kirche auf Erden wird in den Blick gefaßt ...

Zum Vollzug

Manche werden sich bei der Meditation an den angegebenen Ablauf halten. Bei anderen wird dieser anders sein. Einer schaut die Wirklichkeit dieses «Wir» und läßt sie einfach in sein Inneres sinken. Ein anderer vollzieht eine Schalenbewegung vom Wahrnehmen des sichtbaren und konkreten Äußeren zu Glauben und Liebe des einzelnen, dann zu seinem gelebten Christusverhältnis, zu seiner jetzigen Christusverbundenheit bis in das Christusgeheimnis, das alle umfaßt.

Dabei stellen sich vielleicht *Worte* ein wie diese: «Er in dir» oder «du in ihm», «alle in dir», «wir in dir», «eins in dir». Die Worte drücken das Erfaßte aus und führen zugleich umgekehrt in ein tieferes Erfassen. Es kommt die «pneumatische Horizontale» in den Blick und den Vollzug. In sie tauchen wir ein und in ihre Bewegung mit Christus zum unermeßlichen Gott, zu dem dieses «Wir» unterwegs ist, «durch Christus, mit ihm und in ihm» ...

16. DER BRUNNEN DER LIEBE

Die folgende Übung kann uns über Jahre begleiten. In der Stille der Übung wie im Tun werden wir immer tiefer eins mit der gemeinten Wirklichkeit.

Der Stoff

1. «Gott ist Liebe» (1 Joh 4,8).
2. Er hat Jesus Christus als Brunnen dieser Liebe (oder als «Filiale»; filius heißt Sohn) der Welt geschenkt. In jeder Szene seines irdischen Lebens fließt diese Liebe aus ihm hervor.

3. Seit er erhöht ist, gibt er keinem Armen auch nur einen Löffel Suppe – außer durch uns. Wir sind die Röhren dieses Brunnens. Durch uns soll seine Liebe in die Welt fließen.
4. Brunnenröhren müssen zum Brunnen offen sein, damit das Wasser in sie hinein kann; und nach außen, damit sie das Wasser den Menschen spenden können.

Zur Meditation

Hierfür bieten sich viele Möglichkeiten an. Zum Teil ergänzen sie sich. Im folgenden sind einige zur Auswahl, zum Eindringen, zum Einüben und Verwirklichen geboten.
1. Ich begebe mich in Sammlung und Ruhe. Dann lasse ich Szenen aus dem Evangelium in mir aufsteigen, in denen Jesus handelt. Darin erkenne ich das Ausströmen der Liebe. Es kann Heilen der Kranken, die Bergpredigt, das Wandern und Sprechen mit den Jüngern, das Sterben am Kreuz und vieles andere sein. Ich schaue und verweile. Dankbarkeit oder Freude können sich einstellen.
2. Ein andermal sammle ich den inneren Blick auf den erhöhten Christus. Von ihm, durch seinen Geist, kommt Liebe in die Menschen und so in die Welt. Ich denke an die vielen, in denen sie durchkommt und zur Tat wird, in Einsatz und Helfen, in Verstehen und Raten, in treuem Dienst oder in einer Lebensentscheidung für ihn. Ich sehe das unzählbare Heer von Menschen vor mir, aus denen die Liebe Christi hervorkommt. Dabei kann das Wiederholungsgebet die Innerung tragen: «Du Liebe, die überall zum Leben drängt». Reiche Abwechslung und gleichzeitiges Verweilen bei der einen Wirklichkeit ist möglich.
3. Ich erinnere mich an Fälle aus meinem Leben, wo ich selbstlose Liebe erfahren oder gesehen habe. Ich schaue in die Tiefe der Ereignisse: In Christus ist die Liebe entsprungen; durch Menschen, die Röhren an diesem Brunnen sind, kam sie zu anderen Menschen …
4. Ich öffne mich ganz diesem Brunnen: Schauend, hörend, verlangend, empfänglich, dankbar …

5. Ich öffne mich den Menschen, damit die Liebe, die in mir zum Leben drängt, hinaus kann. In Gesinnung, Haltung, Tun. Sowohl in der Übung wie im Handeln, in Begegnungen, im Helfen ...
6. Ich kann nicht enttäuscht werden, weil von ihm das Wasser nachkommt. Ich bin nicht auf Dank angewiesen, sondern frei im Gutsein. Von ihm – durch mich – zu ihnen strömt es. Ich nehme es wahr und verweile darin.
7. Welches sind die Ausgangsstellen dieser Liebe bei uns? Das Gesicht, die Augen, auch das Hören, die Innenflächen der Hände, der Mund mit dem helfenden, freundlichen Wort, dem guten Rat. Was sonst noch? Wir vollziehen dieses Durchlässig-werden bis ins Körpergefühl des Gesichtes, der Hände ... Die Kraft kommt von ihm ... durch uns ... zu den Menschen ... Wir werden ganz Röhre an diesem Brunnen ... So kann die Liebe nicht versiegen ... Wir realisieren es bis zum Körpergefühl an jenen Ausgangsstellen, während der Übung ... und im Tun ... auch rückblickend und vorausschauend ...
8. Wir vollziehen kleine Dienste und Handlungen in dieser Verbundenheit ... Darin erfahren wir das Hindurchströmen. Es ist die Wirkung des Geistes Christi in uns ... So strömt Gottes Liebe aus diesem Brunnen ... durch diese Röhren ... unscheinbar und unter dem äußeren Gewand der Selbstverständlichkeit in die Welt ...
9. Später, wenn dieses über längere Zeit ins Leben eingegangen ist, kann es zu großer Einfachheit und Ruhe kommen:
Hinabsinken bis zum eignen Grund, vielleicht auf dem Wege der Grundübung, bis an die Stelle, an der das Leben Christi in uns einströmt. Verweilen, strömen lassen, sich erfüllen lassen. Das Weitere abwarten ...
10. Ein anderer Vollzug: Das «Brunnenwasser» der Liebe von der Tiefe her durch den Körper strömen lassen bis zu den Händen und dem Gesicht ... dorthin, wo diese Liebe sich ausdrückt, hinauskommt ... Im täglichen Tun für andere an diesen Lebensstrom Anschluß behalten ... strömen lassen ... Brunnenrohr sein, das andere erquickt ...

17. STUFEN DER NÄCHSTENLIEBE

Wir wissen, daß wir einfaches Tun (S. 41 ff) und unsere Mitmenschen (S. 54 ff) innern können. Auch das Tun zum anderen hin, das Geschehen zwischen uns und den Mitmenschen, in dem wir Nächstenliebe verwirklichen, können wir meditieren. Beispiele sind die Rückmeditation nach einem Gespräch, die Vorausmeditation einer Begegnung, der Tiefenvollzug eines gegenwärtigen Geschehens.

Immer muß es neben der Meditation die Tat geben. Beide leben voneinander. Die Tat hat ihre Wurzel im Inneren und wird von der Meditation durchseelt. Zugleich wirkt die Tat zurück in das Innere des Menschen und läßt ihn reifen.

Als Stoff oder Anregung seien 26 Formen oder Stufen der Nächstenliebe genannt. Sie können zur Tat helfen wie zur Meditation. Dabei lassen wir jede Anleitung zum Vollzug weg. Das Leben selbst, der andere, die Begegnung und Situation sollen den Ablauf der Innerung bestimmen. Wer Hilfe braucht, suche sie in den Stücken über das «Wir» in der Liturgie und den Brunnen der Liebe (S. 108 und 109). Die Innerung kann bis zum Pneuma, zum Leben Christi im anderen vordringen, mit dem das eigene Pneuma in Verbindung kommt. Weiteres hierüber voraus zu nennen widerspricht den inneren Gesetzen der Meditation.

Als Stufen der Nächstenliebe seien genannt:
Aufmerksam sein – freundlich sein – offen sein – Verständnis haben – Rücksicht nehmen – wohlwollen – gönnen – anerkennen – helfen – teilen – Freude machen – schenken – für andere sorgen – für andere beten – dienen – etwas übernehmen – für andere da sein – sich die Interessen der anderen zu eigen machen – die Berufsarbeit zum Ausdruck der Liebe machen – sich versöhnen – sich mit anderen solidarisch erklären – sich aus der Haltung der Liebe nicht herauswerfen lassen – seine Feinde wie Freunde behandeln – Erbarmen – Großmut – Einsatz des Lebens.[3]

[3] Ausführlicher in Tilmann, *Weckung und Führung* Würzburg 1966, 89–92

18. WIEDERHOLUNGSGEBETE

Das Wiederholungsgebet ist ein sehr einfacher und zugleich wirkungsvoller Weg, betend in die meditativen Tiefen zu kommen. Sie stammen häufig aus dem Versenkungsbewußtsein und haben von dort her ihre Echtheit und Fülle. Franz von Assisi betete auf dem Berg La Verna eine ganze Nacht nur dies: «Mein Gott und mein alles».

Wiederholungsgebete sind Ausdruck einer gewissen Gebetsreife, sind aber wegen ihrer Einfachheit allen, selbst Kindern, zugänglich. Sie werden ruhig, immer wiederholend und meist nur innerlich gesprochen. Sie dienen der Sammlung, schirmen ab gegen Störung und Ablenkung, halten eine Aussage oder einen Vollzug gegenwärtig, vertiefen, intensivieren, verwandeln den Sprechenden und führen zu tiefen Erfüllungen und in die bleibende Verbundenheit mit Gott. Ein nur einmal gesprochenes Gebet vermag das nicht.

Besondere Gelegenheiten sind für viele: Stille Spaziergänge und Wege, auf denen man allein ist, ungestörte Stunden, der Übergang von Betrachtung zur Meditation, aber auch schlaflose Nachtstunden.

Hier einige Beispiele, die sich im Lauf der Zeit durch eigene Worte vermehren werden:

Sieh mein Gott, wie arm ich bin.
Ohne dich bin ich nichts (vgl. Joh 15,5).
Ich glaube, hilf meinem Unglauben (Mk 9,24).
Dein Wille geschehe.
Ehre sei dir Herr!
Nimm mir alles, was mich hindert zu dir!
Bereite uns für dich!
Gib mir eine Liebe, die vor nichts zurückschreckt!
Vollende dein Volk in der Liebe.
Du Liebe, die überall zum Leben drängt.
Du überwältigende Woge.

Meine Gebete sind deine Umarmungen.
Ich sinke in das Meer deines Schweigens.
Sage mir deine geheimsten Wünsche.
Komm, Heiliger Geist!
Ich falle in dich.
Du Alles in allem.

Die Wiederholung kann sich einem körperlichen Rhythmus anpassen, beim Gehen dem Schritt, beim Sitzen oder Liegen dem Atem oder dem Herzschlag.

19. IM ALLTAG: AUFGESTANDEN – eine Niederschrift

Es war am Morgen. Ich erwachte. Ich richtete mich auf. Ich stand auf. Ich war ein Aufstehender, aufgeweckt, aufgestanden. Ich hielt inne.
Das äußere Geschehen wurde Gefäß und Zeichen einer Sinntiefe. Zum äußeren Erwachen und Aufstehen kam ein noch tieferes Erwachen: Der Auferstandene lebt in mir, gibt mir von seinem Leben ... Ich lebe als ein Auferstandener. Der Auferstandene mit seinem neuen Leben, seiner Ewigkeitsmacht, lebt in mir, drückt sich in meinem Leben aus ...
Ich bin nicht nur erwacht nach den biologischen und psychologischen Abläufen. Auch nicht nur aufgestanden und wach für die anderen. Ich lebe aus jener Mitte und Tiefe, die jetzt neu in mir erwacht, die das Leben meines Lebens ist ...
Was ich tue, wird ein Teilnehmen an seinem Leben. Alle Vollzüge werden Gehäuse für sein Leben, für seinen Dienst, seinen Lobpreis, seinen Gehorsam, seine Liebe ...[4]
Ich gehe in den Tag als ein Auferstandener. Die Zukunft hat in mir begonnen. Gott gewirktes, Christus dem Herrn höriges, mir weitergeleitetes Leben pulst in mir.
Freude, Kraft, Zuversicht, Güte, Offenheit für die anderen, Liebe ...

[4] Manchen mag das Waschen zum Sinnbild werden und zur Erweckung der Taufe dienen; ebenso das Ankleiden: «Ihr habt Christus angezogen» (Gal 3,27).

Nun bin ich wahrhaft, der ich durch Christus bin. Nun bin ich auf meinem Niveau. Nicht untermenschliches «Fleisch». Alles Tun wird zu Zeichen und Hülle, in dem er wirkt und lebt. Ich lebe in Christus.
So vollzog es sich am Morgen. Den ganzen Tag über blieb etwas von dem Glanz und der Frische dieses neuen Anfangs gegenwärtig und durchlebte mich.

20. DAS WORT EMPFANGEN, DAS LEBEN GEBÄREN – Anleitung zu einem Meditationsvorgang, besonders für Frauen

Ich höre eines der Worte des Herrn.
Ich lasse es in mein Inneres dringen und darin wachsen.
Es regt sich in mir, lebt in mir, verwandelt mich.
Es drängt hinaus, will in die Welt kommen.
Ich gebäre es in einer Tat, in vielem Tun, hinein ins Leben. Ich handle.
Das Wort wird Leben wirken und gibt Leben weiter in der Welt.
Im Lauf der Wiederholungen wächst der Prozeß immer tiefer: Gottes Wort aufnehmen, es in die Tiefenmitte sinken lassen, es im Versenkungszustand reifen lassen, es zum Leben drängen lassen und verwirklichen.
Dieser Ablauf kann sich an vielen einzelnen Worten vollziehen. Er kann zur Lebenshaltung werden. Dabei ist Maria *Leitbild, die das ewige Wort empfangen und in die Welt geboren hat.*

21. VON AUSSEN NACH INNEN – ein Vorsprechtext zu häufiger eigener Wiederholung

Ich sitze in einem stillen Raum. Die Tür ist geschlossen. Von draußen schützt mich ein Schild vor Besuchern. Niemand wird klopfen oder hereinkommen ... Der Raum umgibt mich ... er umschließt mich ... er schützt mich und sichert mich gegen alle Störung ... Die Geräusche draußen sind weit weg, dringen nicht in mich ein. Ich höre die Stille des Raumes.

Mein Körper ist bewegungslos und in sich geschlossen. Die Füße und Unterschenkel sind angezogen ... zum Körper hin gesammelt ... Die Fußkanten ruhen auf dem regungslosen Boden ... Die Oberschenkel hängen entspannt und gelöst nach außen ... Ich sitze und fühle die Ruhe des Sitzens ...
Die Unterarme sind angezogen und liegen mit den Handgelenken auf den Schenkeln. Die Hände sind zusammengelegt ... Sie bilden eine Schale ... Ich fühle ihre Offenheit und Empfänglichkeit ... Sie drücken meine Empfänglichkeit aus ... Ich bin empfänglich.
Der Rumpf ist aufgerichtet und hat sich in das Becken niedergelassen; er ruht darin ... Schultern und Oberarme hängen gelöst ... Der aufgerichtete Rumpf setzt seine Haltung fort über den Hals, bis zum Hinterkopf. Die Haltung macht mich frisch und gelöst ... wach und bereit ... Ich fühle es ...
Ich nehme meinen ganzen Leib und seine Haltung wahr ..., im einzelnen und im ganzen ... Ich fühle, was sie ausdrücken: Ruhe und Sammlung ... Wachheit und Frische ... Darin verharre ich ...
Eine Bewegung bleibt: der Atem. Ich mache ihn nicht. Ich lasse ihn geschehen ... und erlebe ihn. Ich lenke ihn nach unten, möglichst weit; die Rippen bleiben unbewegt ... Nur an der Gürtellinie geschieht die Bewegung, bis weit nach hinten ...
Mit dem Atem gehe ich selber innerlich hinab ... in meinen Schwerpunkt ... bis in den Unterleib ... bis in meinen inneren Grund. Dorthin fühle ich ... Dorthin schaue ich hinab ... Dorthin sinke ich hinab, ganz losgelassen und gelöst ... Ich verweile dort, ... im Grund, in der Tiefe meines Wesens.
Dorthin ist mir der Geist Christi geschenkt. Zu ihm gelange ich nun langsam ... Neues, reines, unverdorbenes Leben strömt ein ... lauter, wahr, selbstlos, kraftvoll ... Alles was in Christus war, ist jetzt in diesem Geist. Er kommt von dem Erhöhten ... ist Leben aus seinem Leben ... Nach ihm verlange ich ...
Das Leben des Herrn ist wie auf Erden: Hingabe an den Vater ... in

Lobpreis, Danksagung, Gehorsam, Liebe ... und Dasein für die Menschen ... für alle ... in allen Lagen. All das kommt jetzt ... bietet sich mir an ... strömt unmerklich in mich ein ...
Ganz still ist es in mir ... Ein Gebet meldet sich: «Verherrliche den Vater in mir» ... Ich wiederhole es ... immer wieder ... Mein Innerstes wird fähig, diesen Vorgang in sich aufzunehmen ... geschehen zu lassen ... daran Anteil zu haben ... Ich biete ihm mein Inneres an als Ort seines Lebens ... daß er hier den Vater verherrliche ... Darin verharre ich lange Zeit ...
Ausgang ist bei dieser Übung immer das langsame, meditative Wahrnehmen und innere Vollziehen der Körperhaltung.
Es können sich gegen Ende auch andere Gebete oder Vorgänge von großer Einfachheit einstellen, die, wenn sie in Worte gefaßt werden sollten, etwa so heißen könnten: «Verherrliche den Vater durch mich», «... durch uns», «laß mich ganz durchlebt werden von deiner Hingabe». Oder zu den anderen Menschen gewandt: «Du in mir für alle», «ich durch dich für sie». Noch einfacher: «Du». An einem anderen Tag: «Dir» – was kann ihm alles gegeben werden; ein Wort von unerschöpflicher Fülle. «Dich» – es erweitert sich: «Dich suche ich, will ich, liebe ich, ehre ich» ... «Wir» ... «Uns» ...

22. INNERE BILDER UND VORGÄNGE – Anleitungs- und Vorsprechtexte zu Tiefenmeditationen

Die folgenden sechs Meditationen sind eine eigene Gruppe. Etwas Natürliches wird ins Innere genommen, beginnt zu wirken und wird zum Symbol. Darin wird es zur Hilfe der Selbstwerdung. Es kann sich aber daraus auch eine tiefe Glaubensmeditation entwickeln. Bei öfteren Wiederholungen wird das Bild immer durchsichtiger für die damit gemeinte Wirklichkeit. Im Lauf der Reifung tritt es mehr und mehr zurück vor dem Letzten, das es bezeichnet.
Zum Vorsprechen *dürfen diese Texte nur verwendet werden, wenn die Hörenden bereits die entsprechende Reife erreicht haben und der Vorsprecher den Text als den seinen, also als inneren Vollzug aus tiefer Sammlung sprechen kann.*

a) Die innere Schlucht

Das Bild von der inneren Schlucht ist eine anschauliche Hilfe für den Versenkungsvorgang. Die Vorstellung kann sich auch von selbst einstellen. Selbst bei vielen Wiederholungen bleibt sie hilfreich.

Das Bild von der inneren Schlucht verdeutlicht die eigene Tiefe und ihre Unermeßlichkeit. Bei längerem Üben wird es überflüssig; die im Bild gemeinte Wirklichkeit und der Vorgang werden unmittelbar erfahren.

Wir beginnen mit der Grundübung. Die richtige Haltung ist eingenommen ... der Atem geht frei in seinem Rhythmus ... Mit dem Ausatmen verbinden wir die Worte: loslassen ... niederlassen ... und sinken in die innere Tiefe.

Sie ist unermeßlich. Sie öffnet sich uns wie eine tiefe, in Felsen eingeschnittene Schlucht, an deren oberen Rand wir stehen ... Wir schauen zwischen den beiden Felswänden hinab. Einzelne kleine Pflanzen sind rechts und links zu sehen; Bäumchen ... Grasbüschel ... Moose ... Wir sinken langsam hinab in diese Schlucht, immer tiefer geht es ... es wird nicht dunkel ... Wir sinken ... wir schauen hinab ... vielleicht geht es noch bis zu dieser Stelle dort? Nein, da ist noch kein Ende. Neue Tiefen tun sich auf ... Immer weiter geht es hinab, immer weiter ...

Dort unten sehe ich einen Wolkenstreifen schweben ... er bedeutet etwas ... ein Bild des Geistes Gottes in mir ... zart, schweigsam ... Ich sinke hinab ... ich werde von ihm aufgenommen ... er umgibt mich ... Wenn das Sinken sich verlangsamt ... wenn es aufhört ... tue ich nichts. Ich bleibe drunten ... lasse mich aufnehmen von der Tiefe ... bleibe in ihr ... versuche nur weiter zu sinken.

Irgendwie bin ich so im Eigentlichen, ganz losgelassen, ganz vertrauend, ganz überlassen ... Darin schwebe ich, tue nichts, bin in der Tiefe ... bin nahe einem unaussprechlichen Geheimnis. Darin will ich nun verweilen, regungslos, absichtlos. Ich erwarte nichts, ich bin darin.

b) Der innere Baum

Wir betrachten einen Baum, nehmen ihn dann in unser Inneres, und merken nach einiger Zeit, wie wir mit ihm übereinstimmen. Wir werden mit ihm identisch. Er wird zum Zeichen unseres Wesens und hilft uns, tiefer zu unserem Wesen zu kommen. Es kann sich dann eine weitere Stufe einstellen, bei der wir unser Leben aus und in dem letzten Geheimnis erfassen und tiefer verwirklichen.

Wir sitzen gesammelt in Meditationshaltung, lassen den Atem gehen, werden von seinem ruhigen Rhythmus zu noch tieferer Ruhe geführt und verharren bewegungslos mit geschlossenen Augen.

Wir stellen uns vor: wir sind in einer schönen Parklandschaft auf einer Wanderung ... durch Wiesen und Wälder und über Hügel geht der Weg. Nun kommen wir aus dem Wald auf eine größere Wiese, auf der ein schön und frei gewachsener Laubaum steht ... Wir schauen ihn an ... wir sehen die Ansätze der Wurzeln, die in den Boden greifen ... den kräftigen Stamm, der sich erhebt – nicht zehn Männer könnten ihn umdrücken ... sehen die Stelle, an der die Äste beginnen ... die weite rundliche Krone, mit ihren Ästen und Zweigen, aus denen die Blätter und die Blüten hervorgekommen sind ... Wir schauen den Baum in Ruhe an, diese gesunde, kräftige, reiche Gestalt, und lassen ihn auf uns wirken ... Der Baum ist wohltuend. Wir lassen ihn in uns eindringen. Wir schauen hin und atmen ihn ein ... immer tiefer kommt er in unsere Mitte ... nun steht er mitten in unserem Leib ...

Die Wurzeln dringen in unsere Leibestiefe. Immer tiefer wachsen sie in unsern Grund ... breiten sich darin aus ... wurzeln dort ...

Über den Wurzeln in mir erhebt sich der kräftige Stamm. Langsam wächst er hinauf bis zur Herzhöhe ... Er gibt mir Halt, Stehkraft, Beständigkeit. Ich lasse mich von diesem kräftigen Stamm halten, tragen, beschenken ... ich nähre mich von ihm ... ich bin dieser Stamm ...

Über dem Stamm entfalten sich in mir die stärkeren Äste und die vielen kleinen Zweige ... nach allen Seiten ... nach vorn und hinten ... rechts und links ... und nach oben ... Ich entfalte mich, gebe meinem Wesen Zeit, sich zu entfalten, hinaus in die freie Luft ... Blätter wachsen hervor, an tausend Stellen ... sie atmen die Luft ein, die mich umgibt ... leben von ihr ... Sie empfangen das Licht, das von oben kommt ... Beides lasse ich geschehen ... Ich fühle beglückend dieses Leben.

So stehe ich kraftvoll in mir, tief verwurzelt in meinem Grund ...kräftig getragen von dem Stamm ... entfaltet in den Zweigen ... blühend, fruchtbar für andere ... emporgestreckt nach oben ... und hinaus in die Welt ... nach allen Seiten gerichtet ... und doch zusammengehalten, eins in mir ... Ich fühle mein Dasein ... ich spüre mein Wesen ... ich vollziehe es. Es ist mir aufgegeben.

Während ich so in Fülle stehe, weiß ich, wohin die Wurzeln reichen: in den letzten, tragenden Grund ... Die Zweige entfalten sich in den umgebenden, freien, lufterfüllten Daseinsraum und sein Geheimnis ... Das ganze Wesen wächst empor, streckt sich nach oben ... empfängt von dort Licht ... vom letzten Licht. Mein Wesen blüht und trägt Frucht ... denen zur Freude, die um mich sind ... und zur Ehre jenes Unsichtbaren, aus dem alles hervorgeht, bei dem alles endet ... Verwurzelt ... umgeben ... hingestreckt ... beschenkt ... blühend und fruchttragend ... überall streckt sich mein Wesen in das umfassende Geheimnis und lebt aus ihm.

c) Das innere Kreuz

Bei der kommenden Übung lassen wir in uns ein Kreuz entstehen. Wir fangen an seinem Mittelpunkt an, der sich innen in Herzhöhe hinter dem Brustbein befindet. Wir lassen die Balken langsam wachsen. Von unten wird dann neues Leben kommen, das wir im Bild der aufperlenden Wasserbläschen schauen.

Ich fühle mein Brustbein in der Herzhöhe. Ich sehe in meinem Inneren den Kreuzungspunkt zweier Linien. Sonst noch nichts ...

Langsam wächst nun von dort die eine Linie, der eine Balken nach unten. Er kommt an die Gürtellinie, überschreitet sie, dringt immer weiter nach unten ... bis in meinen Grund ... der sich in der Höhe der Schale meiner Hände befindet. Langsam und kräftig dringt er in den Grund ein ... Nun ist er fest. Er steht. Er hält. Er gibt mir Kraft und Rückgrat. Ich fühle seine tragende Kraft.

Jetzt sehe ich aus dem Grunde, in den er eindringt, leichte, silberne Bläschen aufsteigen. Sie sind Bilder des heiligen Lebens, das mir von Christus geschenkt ist. Sie steigen auf, umtanzen den Balken, schweben immer weiter hinauf, durchleben mich. Der kraftvolle Halt ist von unten her mit Leben erfüllt ...

Nun sind die Bläschen an der Kreuzungsstelle angekommen. Sie steigen weiter nach oben, durch die obere Brust hinauf ... bis in den Kopf ...

Jetzt wächst mit ihnen auch langsam der Balken nach oben bis zur Scheitelhöhe meines Kopfes. Ich fühle, wie ich mich strecke; wie dieser Balken mich trägt von der Hirnschale bis zum Grund. Langsam gehe ich die Linie hinab ... und von unten nach oben ...

Mit den aufsteigenden Bläschen fühle ich die Linie nach oben. Hirnschale und Grund stehen jetzt einander gegenüber ... Ich fühle es ... sie sind auseinander gehalten ... und zugleich geeint ...

In dieser Linie des Kreuzes ist eine Aufwärtsbewegung: Lobpreis Gottes, Hingabe, getragen vom Leben Christi ... und ein Hinabgehen in meine Tiefe von oben, damit sie aufgebrochen und fruchtbar werde ...

Nach einer Weile gehe ich zum Kreuzungspunkt. Langsam wachsen nach rechts und links zwei Linien hinaus ... Sie kommen bis zur Schulterbreite ... wollen bis in die Arme ... wollen die Menschen erreichen, die überall neben mir sind ...

Die langsame Bewegung geht aus dem Kreuzungspunkte hervor. Er ist der Herzpunkt, die Mitte Christi. Von dort geht das Leben aus ...

Ich lasse das Kreuz ruhig in mir stehen. Es hält mich, stützt mich, trägt mich ... Die aufsteigenden Bläschen gehen nun auch die Seitenarme entlang ... Alles ist durchpulst von der Lebensbewegung Christi ... Ich tue nichts. Ich lasse nur dieses Bild zu, das so kraftvoll in mir wirkt ... mir Halt, Richtung und Leben gibt.

d) Die innere Schale

Wenn wir eine gutgeformte Schale besitzen, können wir sie vor uns auf einen leeren, mit einer Decke bedeckten Tisch stellen. Wir lassen sie auf uns wirken. So beginnt die Meditation. – Mancher schließt lieber die Augen und stellt sich eine Schale vor. Sie wird auf ihn wirken. – Vor Beginn der Übung muß man sich für eine der beiden Möglichkeiten entscheiden.

Die Meditationshaltung ist eingenommen. Ruhe sinkt in mein Inneres ... und breitet sich in meinem Wesen aus ... der Atem geht frei in seinem Rhythmus ... ich verbinde mit ihm die Worte der Grundübung ... und komme in volle gelöste Sammlung und Ruhe ...
Ich sehe vor mir eine schöne, edle Schale stehen. Sie steht fest und unbeweglich ... Weit hebt sich ihr Schalenleib nach außen, nach oben ... Sie ist ganz bereit. Sie kann empfangen. Nichts hindert das Empfangen. Ihr ganzes Wesen ist *Empfänglichkeit* ...
Dieses Wesen der Schale rührt mich an. Sie hat etwas, sie ist etwas, was ich so noch nicht bin ... Sie ist wert, in mich einzugehen. Sie könnte mich mit ihrem Wesen beschenken, richtiger machen, heil machen.
Ich schaue auf die Schale vor mir und atme sie ein ... Immer tiefer dringt sie in mich. Bald ist sie ganz in mir ... in meinem Unterleib ... Ich fühle ihre Ränder auf meinen Hüftknochen ruhen ... Die Schale mit ihrem wunderbaren Wesen ist in mir. Ich sehe sie innen in mir ... Sie ist *leer*. Nur dünn ist ihre Wand. Das meiste an ihr ist leerer Raum, ist das Nichts ... merkwürdig ... ganz leer von sich, ganz nichts, ganz offen, welch wunderbares Wesen ... Daß man so sein kann ... Und wenn man einen kostbaren Schmuck, ja wenn man Blumen oder Früchte hineinlegt, verschwindet sie noch mehr ... ist ganz für den Inhalt da ...
Die Schale in mir stellt etwas von meinem Wesen dar ... ruft es wach ... Für was muß ich empfänglich sein? Ganz offen ohne Widerstand? Vom Wesen her empfänglich? ... Ich verharre in dieser Empfänglichkeit. Ich warte ... ich ahne, daß ich darin beschenkt werde ...
Längere Zeit ist vergangen. Nun gibt mir die Schale etwas anderes preis. Sie *bewahrt*. Sie umschließt, was ihr anvertraut ist ... Stumm, willig, geduldig, getreu ... Weit geöffnet und hochgereckt sind ihre Ränder. Wie weitausgebreitete Arme. Alle Kraft bietet sie auf zum regungslosen Be-

wahren ... Das trifft mich ... Sie schaut nicht nach Neuem aus, sondern bewahrt ... in schweigendem Dienst ...
Und dann: *sie bietet dar*. Nach oben ... ganz offen ... hält nichts fest ... läßt sich ganz ausnehmen ... ja darin findet sie eine Wesenserfüllung ... Die Schale in mir ... Bin ich so Schale? Will ich etwas vor Ihm zurückhalten?
Und *für die Menschen bietet sie dar*. Man reicht sie und sagt: Bitte nehmen sie doch! Sie ist ganz schenken und verschenken ... Ich ... die Schale in mir ... mein Wesen: Schale sein ... Ich bin auf dem Weg, noch mehr Schale zu werden ...
Ich sehe die Schale in meinem Inneren, in mir. Sie gehört zu mir. Sie stellt mein Wesen dar ... ich lasse sie in mir. Sie strahlt ihr Wesen aus ... in mich ... Ich werde mehr und mehr Schale ... nach allen Dimensionen ... ich verharre im Anblick der Schale ... im Bild der Schale und werde sie ...

e) Das innere Wasser
Für die folgende Übung wird zunächst Material geboten. Der dann angedeutete Verlauf ist nur eine *Weise, wie sich die Meditation entwickeln kann.*

Zum Stoff
«Meine Seele ... verlangt nach Dir, wie dürres, dürstendes Land, das des Wassers entbehrt» (Ps 63 [62],2). Hier ist eine innere Erfahrung ausgesprochen, an der ich teilnehmen kann. Das Innere ist wie trockene Erde, verhärtet, unfruchtbar, erstarrt, tot.
Zu diesem Bild passen die verheißenden Worte, die die künftige Erfahrung vorausnehmen: «Wenn du wüßtest, was Gott gibt, und wer es ist, der zu dir sagt: laß mich trinken, dann hättest du ihn gebeten, er hätte dir lebendiges Wasser gegeben» (Joh 4,10). Wer davon trinkt «wird nicht mehr dürsten» (4,14).
Eine andere Verheißung: «Wer durstig ist, komme zu mir und trinke! Wer an mich glaubt, dem gilt, was die Schrift gesagt hat: Aus seinem Inneren werden Ströme von lebendigem Wasser hervorfließen» (Joh

7,38). Die Deutung: «Dies sagte er von dem Geist, den alle empfangen sollten, die an ihn glauben» (7,39).
Die Verheißung ist erfüllt und in Erfahrung übergegangen. Wir beten in der Pfingstsequenz: «Tränke, was da dürre steht». Es gibt den Vorgang, daß das innere Land von diesem Wasser durchtränkt wird, aus der Erstarrung kommt, weich, lebendig und fruchtbar wird. In diesen Vorgang möchte ich hineinkommen.

Der Vollzug
Ich sitze, atme, komme in immer tiefere Gelöstheit, in Schweigen, Gegenwärtigkeit, in vollkommene Ruhe.
Mein innerer Blick nimmt in meinem Grund das trockene Land wahr. Dürr, erstarrt, durch die Trockenheit in Spalten aufgesprungen. Moose und Flechten sind in Dürre erstarrt.
In meinem Grunde, meiner Tiefe ist rettendes Wasser. Es nimmt zu, steigt langsam auf, erst mit seiner Feuchtigkeit ... sickert ein bis an die Spitzen der Wurzeln ... Sie senken sich in das belebende Wasser ... Die Erde in mir bietet sich dem Wasser dar ... gewährt vollen Einlaß ... durch alle Poren. Das Wasser dringt ein, belebend, fruchtbar machend, erlösend aus der Todesstarre. Es erquickt die Wurzeln meines Wesens. Dieses lebt darin auf.
Ich lasse dieses Wasser in mich ein. Dürstend, verschmachtend sehne ich mich nach ihm ... biete mein Inneres dar ... von dort kommt Leben, Rettung. Ich gebe diesem Kommenden in mir jede Freiheit, öffne alle Poren, laß es angstlos einsickern ... übergebe mich ohne Vorbehalt ...
Eine wunderbare Belebung beginnt ... ich setze mich dieser totalen Verwandlung aus, in der ich wahrhaft zu mir selber komme ... in der nichts verloren geht ... in der ich zu meinem eigentlichen Wesen erwache ... zur Freiheit komme. Beglückende Lösung ... Aufatmen aus der Verklemmung ... absichtsloses Ausharren ... nur sich öffnen, dasein, sich verwandeln lassen, inneres wunderbares Beschenktwerden ...
Zum Abschluß löse ich mich aus der Tiefe, danke Gott für die wunder-

bare Gabe seines Geistes, bitte um Vergebung wegen meiner Unachtsamkeit und bitte: «Sende aus Deinen Geist und alles wird neu geschaffen und Du wirst das Angesicht der Erde erneuern».

f) Schweigen im Schweigen

Ich sitze in Meditationshaltung. Ich bin allein. Der Raum, in dem ich bin, ist ruhig und abgeschlossen. Ruhe zieht in mich ein. Die Außengeräusche sind weit außerhalb. Ich höre die Ruhe des Raumes, in dem ich bin …
Mein Inneres ist nun still wie ein Waldsee an einem windstillen Tag … klar, unbewegt …
Ich schweige. Ich nehme teil am Schweigen der Natur … der Wurzeln … des wachsenden Grases … der Tiefe des Meeres … Ich nehme teil am Schweigen der Gestirne … des Weltalls … am Schweigen Gottes …
Das Schweigen in meinem Inneren wird immer tiefer. Ich sinke hinab bis in den Bereich der Wortlosigkeit. Ich komme in den Bereich des Schweigens Gottes … In ihm ist die ganze Fülle zugleich … in seinem Schweigen ist er ganz … kein einzelnes Wort ist dort. Aber er ist ganz in diesem Schweigen… Ich bin in der Nähe dieses Schweigens … ich lasse es in mich eindringen …
Abgründiges Schweigen … Ich bin still im Abgrund deines Schweigens … deiner Fülle … die alles enthält …
Ich warte, atme, verharre regungslos … Mit meinem Schweigen bin ich in deinem Schweigen … Ich bin absichtslos darin. Ich bin in der absichtslosesten Absichtslosigkeit …
Immer mehr dringt dein Schweigen in mich ein … ich schweige in deinem Schweigen … dein Schweigen schweigt in mir … Sonst nichts. Nichts.

23. ZWEIMAL «DU» – *ein Führungstext zur Tiefenmeditation*

Mein «du» zu Christus ist oft flach und ungesammelt. Er ist schon gemeint, aber ich bin nicht ganz da und nicht ganz darin und er ist nicht ganz in meinem Blick.

Ich sammle mich, werde still, atme, gehe mit dem Atem ganz in meine Tiefe. Verweile. Ein «du» steigt auf. Ist es von mir? Ist es von ihm?

1. Das «du» des erhöhten Christus.

a) Von oben, von drüben, von ihm kommt ein «du».

Er spricht es ... ich höre es innerlich ... ich bin angeredet ... von ihm ... mit diesem «du» ...

b) Das «du» durchbohrt mich wie ein Strahl.

Es geht von oben durch meinen Kopf ... durch mein Wissen ... mein Erfahren ... mein Wollen. Immer tiefer ... durch meine Brust ... die Herzregion ... bis unten in meinen Grund ... Alles in mir ist durchleuchtet ... gemeint mit diesem «du» ... Mein ganzes Wesen wird davon hell ... Es bedeutet: ganz erkannt, durchleuchtet, gewollt, trotz meiner Fehler ... Ich bin *ganz* von diesem «du» *gemeint*.

c) Er ruft mich mit diesem «du».

Mein ganzes Wesen beginnt von diesem «du» zu erwachen ... es wird von ihm wachgerufen. Wach für ihn ... ganz offen ... weit für ihn ... bereit für ihn ... Dieses «du» hören ... sich durchbohren lassen ... es einströmen lassen. Bis auf den Grund zum Leben kommen für ihn ... in Bewegung kommen auf ihn hin.

2. Mein «du» zu ihm.

a) Aus mir, aus meiner Tiefe steigt ein «du» auf.

Aus dem Grund, durch alle Bereiche in mir ... empor ... zu ihm hin ... Es tastet sich auf ihn zu ...

b) Welch umfassendes «du»!

Es meint ihn. Es will den ganzen Herrn ansprechen und seine Fülle ... Meinen Lehrer und Meister ... den Gekreuzigten ... den Verherrlichten ..., den Menschenbruder und Herrn der Herrlichkeit zugleich ... Immer wieder versuche ich, mit diesem «du» den ganzen Herrn zu meinen ... zu umfassen ... zu durchdringen ... seine Fülle und Wahrheit darin gegenwärtig zu haben ... Darin verweile ich.

Helfende Vorbereitungen bei Wiederholungen

Diese Meditation kann oft wiederholt werden. Hierfür einige Hilfen:
Es redet mich in einer fremden Stadt überraschend ein Freund an: «du».
– Zwei Liebende wechseln vom «Sie» zum «du»; darin ist Intimität, Eröffnung, Einlassen, Umfangen, Tiefe ...
«Ich habe dich bei deinem Namen gerufen, du bist mein» (Jes. 43,1).
«Jesus schaute ihn liebevoll an und sprach zu ihm ...» (Mk 10,21).
«Wer bist du, Herr?» (Apg 9,5).
Mancher wird diese Meditation gern in der Stille nach der Kommunion vollziehen.

24. *IM EINZELNEN DAS ALLES – eine Anleitung*

Zur gemeinten Wirklichkeit

Es gibt viel Schönes in der Welt. Besinne dich darauf, was dich je angesprochen hat. Du wirst finden: Köstliches, Erstaunliches, Befreiendes, Beglückendes, Liebliches, Kraftvolles, Bewegendes, Erfüllendes.
Was da ergreift, ist nicht nur Werk oder Spur des Schöpfers. In jedem Schönen kommt etwas von der Schöne dieses Urgrundes durch, wie durch eine Milchglasscheibe das Sonnenlicht.
In der folgenden Übung suchen wir, im einzelnen, was uns anrührt, das Durchleuchten des Urgeheimnisses zu erfahren. Die folgenden Beispiele können uns dabei helfen:

Das einzelne	*Die Erfahrung*	*Das Alles*
Ein Haus	Geborgenheit	«Im Schatten deiner Flügel birgst du mich» (Ps 91 [90],4).
Ein Brot	Sättigung	Der, der allein sättigt (Ps 91 [90],16).
Eine reife Frucht	Wohlgeschmack, Süße	Die letzte Wonne und Süße (vgl. Ps. 16 [15],1 36 [35],9).

Eine Rose	Schönheit	Die Fülle und Schön- heit des Urgeheimnis- ses (vgl. Ps 50[49],2).
Fahrt auf der Autobahn	Ständiges Beschenkt- und Erfülltwerden	Das allumfassende Geschenk, die uner- meßliche Erfüllung (vgl. Ps 107 [106],9).
Symphoniekonzert	Fülle des Lebens in Einheit	Die vollendete Fülle und Einheit (vgl. Joh 1,16; Kol 2,9).
Ein Buch mit tiefen Gedanken	Tiefe und Weisheit	«Wie der Himmel ... sind meine Gedanken über euren Gedanken (Jes 55,9). «O Tiefe ... der Weisheit ... Gottes» (Rom 11,33).
Im Kreisgespräch versteht einer mein tiefes Anliegen	Ich bin verstanden	Der mich ganz ver- steht in der Breite und Tiefes meines Wesens (Ps 138 [139], 1–4).
Einer bestätigt und ermutigt mich	Ich wachse über mich hinaus und werde so ich selbst	Der mich aus der Verkümmerung erlö- sen und zu nicht ge- ahnter Fülle führen will (Joh 10,10).
In Notlage hilft mir einer und läßt mich nicht im Stich	Zuverlässigkeit und Treue	«Ich bin bei ihm in seiner Not» (Ps 91 [90],15); «mein Fels»;

		«meine Hilfe bist du» (Ps 27 [26],9).
Ein Zeichen der Zärtlichkeit	Zartheit der Liebe	Die Liebe, die in allen Dimensionen der Liebe liebt (vgl. 1 Joh 4,8).

Einzelnes solcher Art gibt es vieles: Sonne, Schnee, Quelle, Nest, Feuer, Wind, Weinstock, Auto, Dach, Melodie, Mahl, Freundesgespräch, Ehe, Vergebung, Bestätigung, Geliebtwerden. Jedes gute Ding, jedes gute Zusammensein mit einem Menschen kann, wenn nichts stört, zur Begegnung mit dem letzten Geheimnis, zum Aufleuchten, Durchleuchten, zum Getröstetwerden, Beschenktwerden vom allumfassenden und geliebten Letzten werden, wenn nur jemand nach diesem sucht und zu dem «Alles» auf dem Wege ist.

Die Kirche ermutigt uns zu diesen Vollzügen, wenn sie am 12. Sonntag im Jahr (5. nach Pfingsten) mit uns betet:

«Gieße unseren Herzen deine Liebe ein, auf daß wir dich *in allem und über alles lieben.*» Auch Ignatius von Loyala leitet im Exerzitienbuch dazu an, Gott in allem zu lieben. Gehört nicht auch der Ausruf hierher: «Erfüllt sind Himmel und Erde von seiner Herrlichkeit»?

Schritte zur Meditation

Vielen wird diese Anleitung genügen. Eine Fülle drängt an, Entdeckerfreude erwacht. Sie verweilen bei Gefundenem. Sie mögen das folgende auslassen.

Andere brauchen genauere Anleitung. Sie müssen aus dem Alltag hinaus, müssen geeignete Zeit und den rechten Ort wissen und wollen Hilfe für den Ablauf. Ihnen kann das folgende dienen:

Günstigste *Zeit* ist in und nach einem solchen Erlebnis. Liegt es nicht vor, so eignet sich als *Ort* ein stiller Aussichtspunkt, eine Stelle am Waldrand, ein Sitzplatz im Garten, ein Ort, wo du Gutes vor dir hast. Nachdem du

durch die Grundübung in die Tiefe gekommen bist, verweile gelassen, gelöst, ruhig und gesammelt in dem , was dich angesprochen hat oder jetzt anspricht. Vielleicht wird es dir geschenkt, in Schönheit, Fülle, Kraft, Zartheit, Glanz, Angesprochensein, Verstandensein, Geliebtsein, oder was es sonst ist, das Durchleuchten des großen Lichtes, das «Alles in allem» zu verspüren – man kann auch sagen: *den* Alles in allem.
Wird jemandem dieses geschenkt, so können sich bei ihm auch *Wiederholungsgebete* einstellen, die er zulassen oder in sich wirken lassen möge, etwa diese: Mein Gott und mein Alles, oder: Du alles durchdringendes Alles.

25. ALTWERDEN IN HOFFNUNG – ein Anleitungstext

1. Ich werde älter. Langsam verliere ich dies und das, was ich früher hatte. Es fällt von mir ab. (Dieses durchgehen und vollziehen: Frische, Jugendlichkeit, Beweglichkeit, Arbeitskraft, Schönheit, Ausdauer, Gesundheit ... auch einzelnes vielleicht: Haare, Zähne, Glätte der Haut ... Beruf, Beziehungen, Freundschaften, Stellung, Möglichkeiten zu reisen ...). Ich muß Abschied nehmen ... kann es nicht zurückhalten ...
2. Wohin geht es? Es ist nicht einfach verloren. Es geht fort, aber Gott sammelt es ein ... Für seine Pläne. Für mich. Es ist kein endgültiger Abschied. Er bewahrt es für mich, wenn ich es ihm gebe ...
3. Er wird daraus das Ganze und Vollendete machen. Im Tod wird er auch mich einsammeln. Dann wird er alles vereinen, neu machen. «Siehe, ich mache alles neu» (Offb 21,5). Er wird mir alles geben, es vollenden, mich vollenden ... uns vollenden ... die Welt vollenden ... alles.
4. Voll Vertrauen lasse ich alles los. Ich gebe ihm alles, in Hoffnung, in Erwartung der Vollendung. Es ist wie mit dem Geld, das ich zur Sparkasse bringe. Bereitwillig gebe ich alles hin ... Ich verzichte, damit seine Pläne werden. Ich vertraue ihm alles an. Er wird alles aufheben, vereinen, vollenden ...

26. «SIEHE, ICH MACHE ALLES NEU» – *eine Anleitung*

Die Aussage

Alles Gute, was mir begegnet, beschenkt mich: der Morgen und der Abend, der Baum und das Brot, das Verstandenwerden und eine Versöhnung. Aber alles ist begrenzt. Darum ist es ungenügend und kann mich nicht ganz sättigen.
Oft ist es dazu noch unvollständig und nicht heil, mit Mängeln behaftet und ungenügend.
Nun dieses Wort: «Siehe, ich mache alles neu» (Offb 21,5).
Dieses Verändern von allem und dieses Neuwerden, was kann es bedeuten?
Eins ist nicht schwer zu denken: Gott wird alles Unheile heil machen, das Zerbrochene zur Ganzheit führen, das Isolierte vereinen, das Kranke gesund, das Unvollständige vollständig machen. «Er wird jede Träne von ihren Augen wischen und es wird kein Tod, keine Trauer, keine Klage, kein Schmerz sein; denn was einst war, ist vergangen.» (Offb 21,4). Das läßt sich verstehen.
Aber es muß noch tiefer liegen. «Dann ist Gott alles in allem», heißt es (1 Kor 15,28), oder einfacher: dann ist Gott in allem das Alles. Das heißt doch wohl: in allem einzelnen leuchtet etwas vom allumfassenden Sein, vom «Alles», von Gott auf. In einer Weise ist Gott bereits jetzt «in allem»[5]. Dann aber wird alles einzelne Gute die Erscheinungsstelle des allumfassenden Guten werden. Gott wird in allem das Alles sein, nicht etwas. In allem einzelnen wird er die Überfülle seines Gutseins hervorbrechen lassen. Er wird alle Begrenztheit des einzelnen überschreiten und darin als das Allumfassende aufleuchten ...

Zur Durchführung

Viele werden durch diese frohe Botschaft von selbst in Freude, Staunen und Erwartung kommen. Sie mögen darin verweilen und sich in die große kommende Wirklichkeit hineinleben.

[5] Vgl. «Im einzelnen das Alles» S. 127 ff.

Andere werden kleinere Schritte tun wollen. Sie wenden die Aussagen auf einzelnes an, vielleicht auf bittere Grenzerfahrungen, die sie gemacht haben; oder auf Menschen, die sie schätzen, aber unter deren Fehlern sie ständig leiden.
Für manche, denen der volle christliche Glaube schwerfällt, wird es besser sein, erst an andere Stoffe zu gehen.

27. *DIE ANBETUNG – eine Anleitung*

Das Geschehen der Anbetung kann man in drei Vollzügen oder Stufen ausdrücken: grenzenlose Bewunderung, bedingungslose Unterwerfung, jauchzende Hingabe.
Es ist nicht schwer, jeden dieser Vorgänge in ein einfaches Wort zu fassen, das man wiederholen kann, um so in die meditative Tiefe der Anbetung zu gelangen.
Zum ersten könnte passen: «Wie groß bist du!» oder «Unbegreiflicher!» oder «Unfassliches Geheimnis!»
Zum zweiten: «Da bin ich!» oder «Du darfst alles (mit mir tun)» oder «Nimm mich hin».
Zum dritten: «Du unermeßliches Meer der Liebe» oder «Jubelt dem Herrn alle Lande» (Ps 100,1) oder «Was ich will? Nichts als dich» oder «Mein Gott und mein Alles».
In manchen solcher Worte kann die ganze Fülle der Anbetung gleichzeitig zum Leben kommen, und zwar umso mehr, als die Herrlichkeit der Liebe Gottes und seine unfaßliche Fülle vor den geistigen Blick des Betenden kommt, das Herz sich entflammt und die Tiefe zu glühen beginnt.[6]

28. *VERTIEFUNGEN DER GRUNDÜBUNG – Weiterführungen*

Wenn jemand über lange Zeit die Grundübung vollzogen hat, ist er tief in die meditative Verfaßtheit gelangt. Dann kann die Frage kommen, wie geht es weiter? Jedes der einzelnen Worte kann zu tieferen Vorgängen führen: «Loslassen, nieder-

[6] Näheres über die Anbetung Gottes s. Tilmann, *Das geistliche Gespräch*, a.a.O., 21–25

lassen, einswerden, kommen lassen oder neu werden». Es können aber auch die folgenden Hinweise zu einem weiteren Fortschreiten wesentlich helfen.
Jeder der folgenden Abschnitte ist eine Übung, ist also je für einen Tag bestimmt. Wer glaubt, daß er nicht die entsprechende Zeit bei einem dieser Abschnitte verweilen kann, habe Geduld und lasse sich gleichsam zeitlos in den Vorgang ein. Anfangende werden besser frühere Übungen wählen.

1. Ich sinke in das Schweigen
Weg vom Lauten, vom Absichtlichen, Gewollten, Gedachten. Immer stiller wird es ... immer tiefer komme ich ... Ich harre aus im wortlosen Schweigen ... in der namenlosen Tiefe ... Immer leerer wird es ... aber die Leere ist kein Überhauptnichts. Eine andere, tiefere, größere Wirklichkeit läßt sich ahnen ...

2. Ich sinke in die Tiefe
In meine Tiefe ... Sie ist unabsehbar, unergründlich ... Immer weiter geht es, je mehr ich mich loslasse ... Unbekannte Räume, mir geschenkt, tun sich auf ... Ich verweile in dieser Tiefe, weit von der Oberfläche meines Alltagsbewußtseins entfernt ...

3. Loslassen, um ins Eigentliche zu kommen
Je mehr ich mich loslasse, mein enges, selbstsüchtiges, fehlerhaftes, absichtliches Ich, umso mehr bekommt das Eigentliche Raum ... Mein Seelengrund wird frei mit seiner ihm wesensgemäßen Dynamik, die auf das Letzte hin will, in dem alles in Einfachheit zusammen ist ... In diesen meinen Grund will ich sinken ... in dieses Eigentliche ... in diese Wahrheit und Echtheit ... in dieses Gültige.
Dann werde ich gelöst und frei ... dann kommen Friede und innerste Einheit ... dann kommen Freude und Ruhe ... ich werde, wie ich entworfen bin.

4. Alles loslassen, was hindert, daß der Seelengrund zu seinem Leben kommt
Alles Angelernte, Unechte, Gemachte fällt mehr und mehr ab ... alle Dressate, alle Fehlprägungen der Kindheit ... alles, was mein Ursprüngliches verbaut ...

Ich überlasse mich dem Wirken meines Grundes, seiner Leuchtkraft, seinem heilenden Ordnen in meinem Innern ... Von ihm kommt Belebung, Durchformung, Durchgeistigung, Einheit meines ganzen Wesens durch alle Schichten ... leicht, mühelos, von selbst.
Zugleich erwacht der Seelengrund mit seiner Wesensbewegung zum Letzten ... Er zielt nicht auf das einzelne, sondern auf jene Wirklichkeit, die alles zugleich enthält ... aus der er kommt ... die ihn allein sättigen kann ... Gott.

5. Je tiefer das Loslassen ist, umso mehr erwacht die Wesensbewegung des Seelengrundes
Unkontrollierbar, verborgen und doch mächtig und allmählich sich durchsetzend. Sie geht unbeirrbar auf unser Wesensziel los ... Jener tiefste Drang nach Endgültigem, Bleibendem, Absolutem ... durch alles einzelne hindurch auf jene Wirklichkeit, die alles zugleich ist und in sich vereint ... Er ahnt die Fülle ... Unendliche Fülle in voller Einfachheit ... Es ist das Geheimnis des verborgen anwesenden Gottes ...

6. Mein Grund ist getragen
Wie der Leib vom Boden, vom Stuhl (dieses Erfühlen, Erfahren, Erleben) ... Mein inneres Wesen ruht irgendwo auf ... Es macht sich nicht ständig selbst ... Ich ruhe mit meinem Grunde auf dem letzten Grunde ... Mein Inneres ist die Hauptstelle seiner Transparenz, seines Durchleuchtens ... Ich lasse mich los, lasse mich nieder und will mit meinem Grunde eins werden, um in die Strahlkraft des absoluten Grundes zu kommen ...

7. Mein Grund ist in den absoluten Grund eingegangen
Er ist umfangen, getragen, ja durchlässig für das letzte Geheimnis ... Ich sehe gleichsam die unterste Wölbung meines Wesens aufruhen ... Es ist eingetaucht ... das Geheimnis dringt in mich ein ...
So ist uns gesagt: Gott hat uns seinen Geist in unser Inneres gegeben (vgl. Röm 5,5 u. a.). Darin ist seine lebendige, liebende, wirkende Gegenwart.

Der Geist Gottes belebt den Seelengrund ... löst ihn aus Erstarrung, Unterdrückung, Absperrung, Tod ... Er hilft ihm, zu seiner Wesensbewegung zu kommen ... Das ist keine Überfremdung, sondern Hilfe, zu sich zu kommen und zum Eigentlichen ... Er hilft dem Grunde auf, daß er zum Leben ... zur Wirkung ... zur Freiheit kommt ... Daß ich meine eigentliche Form finde ... «Ich lege meinen Geist auf ihn» (Jes 42,1). «Ich werde einen neuen Geist in ihr Inneres legen» ... (Ez 11,19). «Ihr habt den Geist der Kindschaft empfangen» ... (Röm 8,15).

8. Wenn ich mich ganz loslasse, sperrt sich nichts mehr in mir gegen das Handeln Gottes

Er dringt umso mehr ein, je mehr ich dieses enge Ich loslasse ... die inneren Poren ganz öffne ... Er ist die suchende, kommende, rettende, erlösende Liebe ... Gebe ich ihm Raum, so kommt er.

Im Loslassen überlasse ich mich ihm ... wie der Kranke dem Arzt und seinem Eingriff, seinem Heilen ... Ich entblöße mich vor ihm, lasse meine Masken, meinen Schutz vor ihm fallen ... Ich halte still und lasse einströmen, wirken ... ganz wach und empfänglich.

9. Ich sinke dem Geiste Gottes entgegen

Ich tauche in die Tiefe und weiß, daß er dort ist ... dort finde ich ihn, den Geist Gottes ... In ihn falle ich, wenn ich mich loslasse ...

Dort ist das Leben, das von Christus kommt und mich umformen will ... daß ich «an der Bildgestalt des Sohnes teilhabe» (Röm 8,29) ... Mit ihm will ich eins werden ... Es soll mich ganz durchdringen.

10. «Gott sandte den Geist seines Sohnes in unsere Herzen» (Gal 4,6)

Dieser «Geist» kann zunächst bedeuten: Die Gesinnung, die Mentalität Christi, seine Haltungen ... Sie sollen in mir zur Herrschaft kommen ... Es bedeutet aber mehr: Die Weise, wie Christus in uns da ist und wirkt. «Der Herr (Christus) ist das Pneuma, der Geist» (2 Kor 3,17). So ist das Leben Christi in mir. Sein Gehorsam, seine Liebe, seine Anbetung, seine Mitmenschlichkeit ...

Ich lasse mich los und nieder, um eins zu werden mit den Gesinnungen und Haltungen Christi ... mit seinem Leben ... mit seinem Geist in mir ... Ich lasse mich von Christus leben. Es soll so reif werden wie bei Paulus, der schreibt: «Ich lebe, doch nicht ich, sondern Christus lebt in mir» (Gal 2,20). Welche Abgründe in mir ... welch unermeßliches Leben will sich in mir durchsetzen! ...

11. Sterben und Neuwerden

In diesem Vorgang ist, ich merke es, ein Sterben und Neuwerden. Das kleine, selbstsüchtige, anmaßende, enge Ich stirbt. Das große von Christus und seiner Liebe durchlebte kommt. Darin werde ich verwandelt. Werde anders. Ein Sterben und ein Neuwerden geschieht in mir. Aber kein schreckliches Sterben. Eher so, wie die Krankheit vor der Gesundheit stirbt und die Nacht vor dem Tag. Ich sterbe in ein neues Leben.

12. Sterben und Auferstehen

Ich komme in Kontakt mit dem Angelpunkt des Weltgeschehens, mit Christi Tod und Auferstehung. Ich sterbe mit ihm ... Und ich bekomme Anteil an seiner Auferstehung ... Das ist ja ungeheuerlich. Ist das nicht die Tiefe meiner Tiefe? Sagt das nicht Paulus «Mit Christus gestorben ... mit ihm leben» (Röm 6,8; vgl. 8,9; 8,14–15)?

13. Ich bin in ihm

«Der bleibt in mir und ich in ihm» (Joh 6,57). Ich muß in ihn immer mehr hineinwachsen. Er ist wie ein zu großer Mantel, in den ich hineinwachsen muß. Nach allen Seiten muß ich mich entfalten, um in ihn zu passen. «Ihr habt Christus angezogen» (Gal 3,27), jetzt verstehe ich es. Ich bin in ihm, damit ich «in allem wachse, bis wir ihn erreicht haben» (Eph 4,15).

14. Er ist in mir

Durch seinen Geist. Er treibt in mir das Leben. Er wächst in mich hinein. Er will das Leben meines Lebens sein. Ich gebe ihm Raum, ich überlasse mich ihm, werde eins mit ihm. Darin verharre ich, beschenkt, überreich beschenkt, dankbar, immer tiefer empfangend ...

29. *DAS ATMEN ALS SINNBILD DES GOTTESVERHÄLTNISSES – Stufen in die Tiefe und Fülle*

Der folgende Text bietet eine vielstufige Meditation, die über Monate und Jahre wächst. Der Weg ist hier zusammengefaßt. Die späten Stufen setzen ein gewisses Maß an Reife voraus; Anfänger werden sie nur in einer mehr äußeren, analogen Art vollziehen können und bleiben besser bei den ersten.
Es ist gut, an jeder Stufe lange zu verweilen, um sie bis in den Grund zu vollziehen. Ebenso empfiehlt es sich, nach langen Zwischenzeiten von neuem an den Stoff zu gehen, der inzwischen durch anderes angereichert und gefüllt sein wird.
Jeder Abschnitt ist für je eine Übung, für einen Tag bestimmt. Es ist klug, sich daran zu halten, wenn es ohne Zwang geht.

1. Ich atme. Ich weiß es. Ich erlebe es ... (verweilen). Ich versuche, bei meinem Atmen zuzusehen, ohne daß sich der Rhythmus verändert. Ich verweile in dem Zuschauen ...
2. Ich erfahre im Einatmen Beschenkung ... Immer kann ich Luft schöpfen. Sie ist da. Ist für mich da ...
3. Ich erfahre im Ausatmen Entspannung, Hergeben, Entleerung ... Ich verweile dabei und suche dieses tief wahrzunehmen ...
4. Während ich so das Atmen wahrnehme, seinen Rhythmus, das Ein und Aus, denke ich an Gott. Er schaut mich liebevoll an. Von ihm kommt dieser Vorgang. Es ist sein Schöpfungswerk ... Von ihm kommt die Beschenkung ... Von ihm empfange ich ... An ihn gebe ich die Spannung ab, entlaste mich ...
5. Atmen schenkt mir Erfrischung, Stärkung, neues Leben. Es ist beständige Quelle des Lebens ... So strömt Leben in mich ein, durchdringt mich. Ich lebe ...
6. Das Einatmen, das Beschenktwerden, der Blick von Gott, all das wird mir zum Zeichen seiner Liebe ... Ich weiß, er liebt mich ... Liebe will eindringen, erfüllen. Der Atem wird mir zum Sinnbild der Liebe Gottes. Mit jedem Einatmen verbindet sich das Eindringen, das Einatmen der Liebe Gottes ...

7. Auch das Ausatmen paßt in dieses Bild. Liebe will sich hingeben, verströmen, ausgeben für den anderen ... Das Ausatmen wird zum Zeichen und Ausdruck der Liebe, die aus meiner Mitte kommt und sich losläßt, hingibt, verströmt, zu ihm hinüber, in ihn ... Lange verweile ich in diesem doppelten Geschehen ... Zwei Gebetsworte stellen sich ein, die ich begleitend spreche: Du zu mir, ich zu dir.

8. Immer mehr gewinnt der Vorgang Realität. Das Atmen drückt eine verborgene Wirklichkeit aus, die im Sinnbild des Atmens immer mehr vollzogen wird. Gott sendet ja wirklich seinen Odem, seine Liebe, seinen heiligen Geist in mein Inneres ... Durch ihn bin ich Kind Gottes ... Durch ihn kann ich leben ... Durch ihn lebe ich jetzt ... Mein *Einatmen* wird zum Bild dieses Geschehens ... Immer mehr überlasse ich mich dem Vorgang, daß Gott seinen Geist in den Grund meiner Seele sendet. Das ist Ausdruck seiner Liebe ... Durch seinen Geist werde ich frisch, stark, lebendig, gütig, fruchtbar ... Ich atme diesen Geist Gottes in mich hinein ... Ich werde voll von seinem Geist.

9. Auch mein *Ausatmen* füllt sich mit dieser heiligen Realität. Ich atme aus, gebe mich hin, entspanne mich im Vertrauen, sterbe in einem Mich-Verströmen, Hinübergehen, Sein-Werden ... Diese Liebe ist getragen von eben diesem göttlichen Geistleben, das seit der Taufe in mir lebt. Das Sich-Verströmen der Liebe wird mehr und mehr ein Teilnehmen an der mir eingegossenen Liebe ...; am heiligen Geist, der in mir nicht tot ist, sondern lebt, liebt. Ich überlasse mich diesem göttlichen Vorgang in mir ... (vgl. Röm 5,5).

10. Der Geist Gottes in mir läßt mich immer mehr Kind dieses Vaters werden. Einerseits durch die Liebe. Wer liebt, ohne dabei nur auf Menschenliebe zu reagieren, der «wird Kind des Vaters, der im Himmel ist» (vgl. Mt 5,45). Immer mehr verlange ich danach, aus dieser Quelle lieben zu lernen; von dieser Gesinnung ganz bestimmt zu werden ... Anderseits prägt sich so in mir das Antlitz des großen Bruders, das Antlitz Christi aus, dessen Geist nun mehr und mehr in mir Gewalt gewinnt, mein Inneres gestaltet. Ich bekomme Anteil «an der Bildgestalt seines Sohnes»

(Röm 8,29) ... Christus nimmt in mir Gestalt an (vgl. Gal 4,19), prägt sich in mir aus, gewinnt Gewalt über mich, lebt in mir ... (vgl. Phil 1,21; Eph 3,17; Gal 2,20).

11. Immer noch weile ich bei meinem Atem, der zum Zeichen für all das wird ...

Eine noch tiefere Stufe tut sich auf. Christus, der auferstanden und «im Geiste» ist, lebt in mir ... Dann fällt der Blick und die Liebe Gottes nicht einfach auf mich, sondern auf ihn, der geheimnisvoll in mir ist ... der in meinem Denken, Sinnen, Glauben, Lieben lebt ... und so sein Leben auf Erden verwirklicht ... Christus lebt in mir und ich in ihm. Welch ein Blick der Liebe, welch ein Strom der Liebe kommt auf mich zu ... Ich atme ihn ein ... Ich verharre atmend in diesem Wunder des Erbarmens und der Liebe Gottes. Wie soll ich antworten?

12. Christus antwortet. Was sich in meinem Ausatmen hingibt, ausgibt, hergibt, verliert, vertraut, hinübergeht, das ist seine Liebe, seine Hingabe an den Vater. Sein Akt, sein Leben durchdringt das meine, weckt es, überhöht es. Ich überlasse mich staunend dem Vorgang ... Wohin bin ich geraten? In den Mittelpunkt, in den Zentralvorgang des Weltgeschehens. Hineingenommen in den Lebensakt dessen, der alles Leben zu Gott hin «wie in einem Haupte zusammenfassen» soll (vgl. Eph 1,10). In Christus, der am Kreuze damit begonnen hat ... der jetzt seine Kirche, der alle Betenden durchlebt ... an seinem Leben teilnehmen läßt, in den Vater hineinströmt ... Ich atme mein Leben mit ihm zu Gott aus.

Immer wieder, über Wochen und Jahre, kehre ich zu diesem wunderbaren Zeichen zurück, in dem ich so lebendig bin, das ich lebe; in dieses Geschehen, das Sinnbild für solche Abgründe ist. Atmen, das ist mir immer gegenwärtig und zur Verfügung ... erfahrbar wie eine Medaille am Hals, ja mehr als diese. Es ist mir zum umfassenden und wirkkräftigen Zeichen meines Glaubens geworden ... meines Heilsweges ... Ich möchte mitatmen für alle Brüder und Schwestern, damit auch sie des Geistes Gottes und der Liebe Gottes immer mehr teilhaftig werden.

30. IN GOTT – eine Niederschrift

Der folgende Text kann Reiferen ein Beispiel für das Geschehen einer Tiefenmeditation sein. Zugleich kann er für sie einen Hinweis auf einen wichtigen Ablauf bedeuten, dem wir uns innerlich öffnen können.

Ich hatte mich gesetzt. Die Tür war geschlossen, der Raum abgesichert. Ich nahm die rechte Körperhaltung ein und begann langsam mit der Übung «Ich bin hier» (S. 23).

Als ich bei der fünften Stufe den ganzen Körper durchging, fühlte ich, wie sich ein Bereich nach dem anderen entspannte. Schließlich war der ganze Körper gelöst. Ich nahm dieses wahr wie eine Verfaßtheit völligen Vertrauens ... ähnlich der eines kleinen Kindes, das in den Armen der Mutter ruht ...

Das Vertrauen öffnete sich dem allumfassenden Geheimnis, das uns ganz umgibt, trägt, aufnimmt, birgt. Darin verharrte ich ... Nach einiger Zeit kam mir die innere Wirklichkeit ins Bewußtsein: Das Leben seines Sohnes in mir. Ganz von unten und innen ... Dieses Leben ist Anbetung, ist vollkommene Offenheit und Hingabe. Ich ließ es in mir geschehen ... Ich wußte, nun war ich im Urakt des Weltgeschehens. Christus in mir, dessen Leben zu Gott strömt ...

31. WARUM ICH MEDITIERE

Der folgende Text ist nicht systematisch zusammengestellt, sondern gibt bis auf kleine Änderungen eine Niederschrift wieder, die auf den Impuls der Frage hin entstanden ist.

Damit ich zur Ruhe komme
und zur Tiefe.
Damit ich zu mir komme.
Damit ich mehr und mehr aus gesammelter Kraft lebe.
Damit mein Inneres nicht vertrocknet und versteppt.
Damit meine inneren Quellen nicht versiegen.
Damit ich nicht nur aus einem Bruchteil meines Wesens lebe.

Damit ich meine Erfahrungen «verdaue».
Damit mein Alltags-Ich und mein eigentliches Wesen und meine Tiefe immer mehr eins werden.
Damit durch die Gelassenheit meine Tiefenkräfte zum Leben und zum Tragen kommen.
Damit ich von der vielfachen Verkrampftheit und der unnötigen Anspannung und Enge immer mehr frei werde.
Damit ich wahr werde.
Damit ich Gelassenheit, Gelöstheit und gesammelte Ruhe lerne.
Damit mir etwas einfällt.
Damit aus dem Reichtum meiner Tiefe heilende Kräfte aufsteigen.
Damit ich aus meinem Grunde und aus meiner Ganzheit lebe und dadurch heil werde.
Damit ich zu meiner Tiefe, meiner Fülle, meinem Wesen, meiner Ganzheit komme.
Damit ich wahrhaft Mensch werde.
Damit ich offen und empfänglich werde für die Tiefen der Dinge und Menschen um mich.
Damit ich zu Tiefenkontakten komme.
Damit mir der Sinn meines Daseins immer mehr aufgeht.
Damit mir der Tiefenreichtum der Welt und ihrer Fülle aufgeht, in der mich Gott leben läßt.
Damit ich mit den verborgenen Reichtümern des Menschseins in der Welt Verbindung finde und Nahrung aus ihnen bekomme.
Damit ich fühlig werde für das Eigentliche.
Damit ich richtig werde und so auch anderen besser helfen kann.
Damit ich für mich und andere besser erkenne, worauf es ankommt.
Damit ich tiefer mit anderen verbunden bin und sie beglücke.
Damit ich besser von Herz zu Herz reden kann.
Damit ich besser erfasse, was Gott mit mir vorhat.
Damit mein Wesen ein Organ wird, das aufnahmefähig ist für Gottes Wort, seine Absichten, den Zug seines Geistes in mir.

Damit ich empfänglich werde für das, was Gott in mir wirken will.
Lauschen will ich, was der Herr in meinem Innern redet.
Damit ich auf das Niveau komme, von dem aus ungezählte Worte der Heiligen Schrift gesagt sind und sie somit innerlich verstehen kann.
Damit sich der «Geist seines Sohnes» in mir auswirken kann.
Damit mich die Worte Jesu treffen und mir aufgehen und mein Leben verändern.
Damit ich in dem ständigen existenziellen Wandlungsprozeß bleibe, in dessen Anfang ich – vielleicht schon als Kind – gekommen bin.
Damit mir die Dinge «schmecken, wie sie sind» (von dem lateinischen Wort sapere = schmecken kommt sapientia = Weisheit, «Weise ist, wem die Dinge schmecken, wie sie sind»).
Um mich so immer mehr dem Wirken Gottes auszuliefern, der in uns das «Wollen und Vollbringen» wirkt (Phil 2,13).
Um alle selbstsüchtigen Sperren abzubauen, die Gottes Wirken entgegenstehen.
Um dem Geiste Gottes Raum zu geben.
Um aufnahmefähig zu werden für die Freude Christi und seinen Frieden (Joh 15,11: «damit meine Freude in euch sei, und eure Freude vollkommen werde»; 14,27: «meinen Frieden gebe ich euch»).
Um in die Wirkung seines «Ziehens» zu kommen (vgl. Joh 12,32 und 6,44).
Um empfänglicher zu werden für die Gaben des Heiligen Geistes und von ihnen immer mehr durchseelt zu werden («Liebe, Freude, Friede, Geduld, Freundlichkeit, Güte, Treue, Milde, Enthaltsamkeit» Gal 5,33).
Um zur Einheit zu kommen: Einheit in mir, Einheit mit dem letzten Geheimnis, Einheit mit der Vielfalt der Tätigkeiten, der Dinge, der Begegnungen ...
Damit mir der «unergründliche Reichtum Christi» aufgeht (Eph 3,8).
Damit ich zu den Menschen, zu den Kindern, zu den Alten Tiefenkontakt bekomme.
Damit ich beitrage, daß sie zu ihrer Tiefe und Fülle kommen, ihrem Reichtum, ihrer Sammlung, ihrer Ganzheit und Einheit.

Damit das Gute überfließt zu den Menschen, in die Kirche.
Um allen Widerstand gegen Gottes suchende Liebe aufzugeben.
Um mich Gott nicht nur in äußerer Ganzheit, sondern bis ins Innerste zu übergeben und ihm Raum zu geben.
Um mich der absoluten Liebe immer vollständiger preiszugeben.
Um kein verborgenes «Nein» gegen Gott in mir zu lassen.
Um immer mehr zu erfassen «die Länge und Breite, die Höhe und Tiefe» des Werkes Gottes an uns in Christus Jesus, um «zu erkennen die alles Erkennen übersteigende Liebe Christi» und wenn es sein darf, «mit der ganzen Fülle Gottes erfüllt zu werden» (Eph 3,18–19).
Um aus aller «angemaßten Selbständigkeit» und Isolierung herauszuwachsen und in das «große Leben» zu kommen, das uns in Christus geschenkt ist und das nicht mit dem Tode schließt, sondern durch ihn hindurchgeht und vollendet werden wird.
Damit nicht mehr «ich lebe» (mit dem kleinen, engen, selbstsüchtigen, triebverfallenen, bewußten, anmaßenden, flachen, friedlosen, begierlichen Ich), also «nicht ich», sondern daß ich immer mehr und mehr von Christus gelebt werde, wie Paulus sagt: «Nicht mehr ich lebe, sondern Christus lebt in mir» (Gal 2,20).
Ich möchte ein wenig beitragen, daß die Kirche Gottes immer mehr und tiefer zu ihrem Wesen und ihren Quellen findet.
Daß das Volk Gottes mehr und mehr erwache zu dem Niveau, das ihm wesentlich ist.
Daß ich mit vielen fähig werde für die Erfüllung der Verheißung: «Was kein Auge gesehen, kein Ohr gehört und in keines Menschen Herz gedrungen ist, was Gott aber denen bereitet hat, die ihn lieben» (1 Kor 2,9).
Weil Meditation immer mehr Gebet wird, das über alles Sprechen von Worten hinaus andauern kann, der Herr uns aber gesagt hat, «daß man allezeit beten müsse und nicht nachlassen dürfe» (Lk 18,1).
Damit wir die kommenden Drangsale in Geduld und Glaube bestehen können (vgl. Offb 13,10).
Weil sie der Anfang des «ewigen Lebens» ist, in dem wir «Gott schauen».

Weil der Satz wahr ist: Kein Maler malt, kein Dichter dichtet, kein Mensch wird Mensch, und kein Christ wird wahrhaft Christ ohne Meditation.

32. DAS LIED «DU»

Wo ich gehe – du
Wo ich stehe – du
Nur du, wieder du, immer du.
Du, du, du.
Ergeht's mir gut – du
wenn's weh mir tut – du
Du, du, wieder du, immer du.
Du, du, du.
Himmel – du,
Erde – du
oben – du
unten – du
Wohin ich mich wende,
an jedem Ende
nur du, wieder du, immer du.
Du, du, du.

(Martin Buber)

Der Verfasser dieses Buches, Dr. Dr. h.c. Klemens Tilmann, gehört zum Oratorium des heiligen Philipp Neri bei der Pfarrei St. Laurentius in München. Er ist durch zahlreiche religionspädagogische und katechetische Bücher, Schriften und Artikel bekannt geworden, zumal als einer der beiden Hauptverfasser des «Katholischen Katechismus der Bistümer Deutschlands», der 1955 erschienen ist, sowie des dazugehörigen sechsbändigen Handbuches. Bis 1970 war er Dozent an der Pädagogischen Hochschule in München-Pasing und widmet sich jetzt ganz dem Dienste an der Meditation. Ein Gesamtverzeichnis seiner schriftstellerischen Arbeiten bis 1964 findet sich in: Stachel-Zenner, *Einübung des Glaubens*, Echter-Verlag Würzburg, 1964.
In thematischem Zusammenhang mit dem vorliegenden Buch stehen vor allem die folgenden:
Die Führung der Kinder zur Meditation, Echter-Verlag Würzburg, 1964 (15000)
Das geistliche Gespräch, Echter-Verlag Würzburg, 1964 (140000)
Staunen und Erfahren als Wege zu Gott, Benziger-Verlag Zürich/Köln, 1968 (6000)
Die Führung zur Meditation I. Benziger-Verlag Zürich/Köln[5], 1973 (23000)

3 545 20049 3 8689 5048'73